PARENTS, OSEZ DIRE NON !

Collection « Questions de Parents »
dirigée par Mahaut-Mathilde Nobécourt

DU MÊME AUTEUR

**Adolescence à problèmes,** Albin Michel, 1992
**On a rendez-vous chez le psy,** Retz Pocket, 1995
**Le psychodrame psychanalytique individuel,** Payot, 1996
**De l'amour de l'autre à l'amour de soi. Le narcissisme en psychanalyse,** Denoël, 1999

Dr Patrick Delaroche

# Parents, osez dire non !

Albin Michel

22 rue Huyghens, 75014 Paris

ISBN 2-226-08783-4

# Introduction

L'enfant a besoin de limites pour se construire. Cette évidence paraît peu discutable et pourtant, nous, cliniciens, constatons de plus en plus les difficultés qu'ont les parents à s'opposer aux enfants. Or les enfants ne veulent ni ne peuvent réclamer des punitions : c'est une réaction très humaine. Ils traduisent néanmoins cette carence éducative par toutes sortes de manifestations. Les unes sont claires pour tous, sauf parfois pour les parents eux-mêmes : je veux parler des provocations de toutes sortes. Les autres le sont beaucoup moins, et c'est au clinicien de les décrypter : c'est toute la gamme des agitations, voire des troubles du comportement plus graves.

On lira dans ce livre de nombreux exemples qui permettront de se faire une opinion. Car ce débat sur l'éducation est devenu un débat d'opinion. Or, il faut le dire bien haut, l'éducation n'est pas, ou plutôt ne devrait pas être, un enjeu politique. L'autorité parentale n'est ni de droite ni de gauche, et la famille n'est pas une question de (pseudo) démocratie. Notre opinion personnelle s'est forgée grâce à ce qu'on appelle la clinique, soit l'étude la plus objective possible des comportements, des paroles qui les sous-tendent, et surtout de leur évolution grâce à un recul de plus de vingt-cinq ans.

Les parents d'aujourd'hui tentent de concilier la vie moderne avec les contraintes familiales. Ils sont ouverts à l'évolution de la société : les pères sont de moins en moins machos, les mères ont peur des pouvoirs qu'on leur prête. C'est un progrès incontestable, mais cela entraîne parfois pour l'enfant une perte des repères car, lui, il est assez « rétro ». Certes les enfants ont un immense pouvoir d'adaptation et sont capables de se plier à toutes les situations. Mais l'enfant a besoin d'enfance, et d'ailleurs une trop grande maturité peut cacher une carence affective. Il lui faut des parents qui tiennent leur place. C'est même grâce à cela qu'il apprend à désirer. Or cette place n'est pas interchangeable, c'est ce qu'essayera de dire ce livre. Le père n'est pas une mère bis. Les parents en sont souvent conscients, mais si le mode de vie actuel induit une égalisation des *rôles*, il leur faut tenir bon quant à la différence des *fonctions*, même si ces fonctions ne sont plus confondues avec le sexe. Si deux personnes sont nécessaires à la procréation d'un enfant, deux personnes aussi sont nécessaires pour l'élever. Mais deux personnes à part entière qui tiennent compte, l'une et l'autre, et même qui respectent une hiérarchie formelle pour aider l'enfant à se situer par rapport à eux.

# I

## Pourquoi interdire ?

Le titre de ce premier chapitre est volontairement provocant. D'abord parce que c'est une question qu'on ne se pose pas, tant sa réponse paraît évidente, mais difficile à formuler. Essayez donc de vous rappeler les réponses que vous avez faites à vos enfants. Car tous les enfants posent cette question… et l'oublient au fur et à mesure qu'ils grandissent, à partir du moment sans doute où ils ont un petit frère ou une petite sœur à qui ils disent à leur tour :

– C'est défendu !

– Mais pourquoi ? demande alors le petit ou la petite.

– … parce que Papa (Maman) l'a dit !

Ne rions pas, cette réponse est peut-être plus honnête que celle qui consiste à dire : « C'est comme ça » ou encore « parce que ! ». Tout simplement parce que c'est toujours au nom de quelqu'un, au nom d'un idéal, au nom de principes qu'on interdit, et parce que soi-même on n'a nulle envie de le faire. Nous entrons là au cœur de cette question posée par les enfants et qu'il faut bien reprendre à notre compte.

## *L'interdit a mauvaise presse*

L'interdit a mauvaise presse, sans doute parce qu'on mélange tout : l'interdit, la répression, le châtiment, la frustration, et pourquoi pas les mauvais traitements. Il y a même eu une période, de courte durée, pendant laquelle le slogan était : « Il est interdit d'interdire ». Il a fait long feu. L'interdit est nécessaire; dès qu'il faiblit il nous manque, mais on ne sait toujours pas pourquoi.

Prenons donc le problème sous un autre angle. On pourrait rêver d'une vie sans interdit; c'est-à-dire sans que l'on ait besoin de *formuler* d'interdit. Il est permis d'imaginer une famille idéale où tout se passe harmonieusement sans conflit stupide. Le père serait père parce qu'il est là, ou simplement parce qu'il existe et qu'il va bientôt rentrer. La mère se réfère à lui sans avoir besoin de hausser le ton. Les enfants n'ont pas à réclamer : ils auront ce dont ils ont envie en temps utile. D'ailleurs, ils travaillent bien en classe parce qu'ils ont soif de savoir. Les grands-parents complètent cette harmonie familiale. Ils sont discrets, mais présents quand il le faut. Jamais ils ne se mêleraient en quoi que ce soit de l'éducation de leurs petits-enfants. Ils laissent cela sagement à la sagacité des parents, à savoir leurs enfants. Bien entendu, pas question pour eux de marquer une quelconque préférence pour l'un des petits-enfants, ni de dénigrer la belle-famille, qu'on a toutes les raisons d'estimer. Enfin, les parents s'entendent parfaitement sur l'éducation de leurs enfants. Ils ont d'ailleurs à peine besoin de se parler, tellement ils cherchent à devancer le désir de l'autre concernant leur progéniture. Mais il n'y a pas de prérogative liée au sexe. *C'est bien entendu au désir du père explicite ou non que l'on se conforme.* Dans ce monde idyllique, l'interdit n'a pas vraiment besoin d'être formulé (d'ailleurs, si l'on commence à en parler, on ne sait pas où on risque d'aller), ni les questions véritablement triviales que l'on risque de poser : « Qui commande ? » par exemple. D'ailleurs, comme je le disais au début, les enfants cessent très vite de poser ce genre de question.

Seulement voilà, s'ils ne posent pas ou plus ces questions directement, ils les posent tout de même *malgré eux.* Comment ? Il serait bon tout d'abord de tordre définitivement le cou à cette question de culpabilité des parents. Comme je le dis souvent, si les parents étaient responsables des maux de leurs enfants, ils pourraient les faire cesser aussitôt. S'il y a responsabilité, c'est celle d'agir en son âme et conscience quand il le faut. D'ailleurs, tous les psychologues le disent. Quand les parents demandent comment ils doivent se comporter avec leurs enfants, ceux-ci leur répondent : « Surtout soyez vous-mêmes ! » Il n'empêche que la question « pourquoi interdire ? » est une question d'enfant que tout adulte a le droit, lui aussi, de se poser. On peut esquisser quelques réponses.

D'abord, l'interdiction paraît bien être un véritable besoin chez l'être humain en général, et l'enfant en particulier. Mais surtout, certaines personnes sont bien obligées de formuler des interdictions. Ce rôle est ingrat mais vital, et c'est précisément de ceci que les enfants vous seront reconnaissants. C'est même là qu'est l'origine de la dette qu'ils contractent à votre égard. Ce livre essayera de vous montrer pourquoi.

Mais déjà reposons la question : qu'est-ce qui permet de dire que l'interdit est nécessaire, mieux, indispensable à l'enfant ? Eh bien, c'est que son absence se fait sentir par toutes sortes de malaises extrêmement variés, d'importance inégale, de gravité extrêmement contingente ; qu'il s'agisse de problèmes disciplinaires évidents en général, ou au contraire de malaises subjectifs, ou encore de troubles du comportement, voire parfois même de véritables maladies. Toutes ces réactions à l'absence d'autorité parentale sont connues depuis toujours et sont réversibles, à condition d'en prendre conscience. C'est bien sûr parfois difficile, mais indispensable quand l'enfant ou l'adolescent vous somme de réagir et que vous vous demandez comment.

On passe ainsi de *l'interdit* à *l'autorité* et tout le problème est là. L'interdit se verbalise, l'autorité est naturelle. Mais il n'y a pas d'autorité sans verbalisation, ne serait-ce qu'a minima. Et le défaut d'autorité, qui se manifeste parfois par l'autoritarisme, nécessite un acte parfois indispensable. Les parents qui sont dépassés *ne savent pas* que c'est l'autorité qui leur manque, ils pensent même souvent le contraire ! Quoi qu'il en soit, c'est par des difficultés bien connues que le manque d'interdit se manifeste. On va en voir quelques exemples.

### *Les petits durs de la maternelle*

La maternelle est l'une des toutes premières occasions de vivre en société en dehors de la famille, et déjà des caractères s'affirment ! Certains font la loi !

*Cyril* a 5 ans, il est en moyenne section de maternelle et ses parents sont convoqués par l'institutrice : il a en effet lancé une chaise vers celle-ci après une réprimande. Il ne supporte pas la moindre contrariété. Pourtant, quand on ne s'occupe que de lui, il est calme, attentif, ouvert et souriant. À la maison, les parents sont dépassés et ne savent plus comment le prendre. Il est fils unique et « tout tourne autour de lui », si bien que les parents en arrivent à se disputer et disent même leur couple menacé! C'est pourquoi ils acceptent le conseil de la maîtresse et consultent pour la seconde fois. Cyril, disent-ils, est agressif et le spectre de l'anormalité pointe à travers leur propos. Pourtant, Cyril est un charmant blondinet, très présent dans la conversation et ravi qu'on s'occupe de lui.

*Sébastien* a le même âge et terrorise sa classe. Il se fait respecter par la force et rien ne l'arrête. Il ne supporte pas d'être petit, imite tout ce que font les adultes, y compris essayer de fumer. À la différence de Cyril, Sébastien a un petit frère. Le matin, ils se précipitent tous les deux sur le petit déjeuner, sortent en claquant la porte, se frappent à la moindre occasion, bref se comportent comme de petits animaux. La mère n'a même pas le temps de formuler un interdit qu'ils l'ont déjà transgressé. Elle « hurle » et s'épuise en vain. Sébastien, quand il est seul, est un charmant bambin très désireux de parler avec l'adulte, à condition que sa mère quitte la pièce!

Cyril comme Sébastien sont au centre de la famille. D'ailleurs, les parents de Cyril ne peuvent plus s'isoler depuis que celui-ci les a surpris en entrant dans leur chambre. Quant à Sébastien, il a été tellement perturbé par la naissance d'un petit frère, me dit sa mère, qu'elle n'ose pas en attendre un troisième et qu'elle compte d'ailleurs lui demander son avis !

> Bien qu'étant nés dans des milieux très différents (le père de Cyril est chauffeur et sa mère comptable, tandis que la mère de Sébastien est agrégée de lettres et son père ingénieur), ces couples de parents ont dans les deux cas un profil bien particulier. Les mères, chaleureuses et anxieuses, ont toutes les deux une situation supérieure à celle leur mari et sont un peu plus âgées qu'eux. Ceux-ci sont présents et se sentent tout à fait impliqués dans la situation, ils discutent avec leur femme des problèmes éducatifs et ne sont pas du tout effacés. En revanche, ils ont eu chacun un problème avec leur propre père. Le père de Cyril est le troisième d'une famille de trois garçons, son père était extrêmement sévère et employait souvent le martinet, quant à sa mère elle était d'une froideur telle qu'il en parle encore avec les larmes aux yeux. Né dans une famille nombreuse, le père de Sébastien n'a pas non plus un bon souvenir de son enfance : il a ainsi décidé d'être plus attentif avec ses enfants et de ne les punir qu'à bon escient.

Ces deux enfants sont en bonne santé physique et psychologique. Ils ont envie d'apprendre à l'école où ils se rendent avec plaisir. Mais dans les deux cas, les parents sont dépassés et la vie à la maison est une sorte d'enfer.

Que se passe-t-il donc dans ces familles ? Que peut-on faire ? Quand ils sont débordés, les parents crient et quand ils sont excédés, ils distribuent gifles ou fessées. Il n'est pas question de chercher ici *qui* est responsable mais *ce qui* rend à ces parents la vie si difficile.

> Or, ici encore, l'écoute attentive permet de remarquer que la maman de Cyril a toujours eu du mal à se séparer de lui. Elle en a conscience puisqu'elle dit que Cyril avait du mal à la quitter pour aller à l'école, et que pour elle *c'était pareil*. Pour la maman de Sébastien, les choses sont plus compliquées. Celle-ci avait décidé de s'occuper totalement de son premier garçon et assure s'être véritablement épuisée à satisfaire toutes ses exigences. Elle aussi avait vécu dans une famille nombreuse et ceci explique peut-être cela. Toujours est-il que, quand le second est né, elle a été *matériellement* obligée de moins s'occuper du premier. Elle en souffrait pour lui d'ailleurs. Mais en même temps, elle a pu constater que le second, qui n'accaparait pas non plus la totalité de son temps à elle, n'en souffrait pas et qu'au contraire il pleurait moins que le premier.

Que se passe-t-il en fait ? Dans les deux cas, ni l'autorité, ni l'attention, encore moins l'affection ne manquent à ces bambins. Il y a en revanche un problème dans la circulation des directives parentales. Les garçons, puisqu'il s'agit de garçons ici, ont le plus grand mal à se repérer par rapport au rôle de chacun des parents. Ces rôles, en effet, n'étaient pas suffisamment distingués. Je sais que ce que je dis va poser toutes sortes de questions, mais je voudrais aborder ce problème indépendamment des questions de « machisme » et de « féminisme ». L'enfant a besoin d'une part d'une autorité franche et claire, et d'autre part de savoir d'où vient cette autorité. Or, la personne qui s'occupe le plus de l'enfant (et je dis bien la personne) a en général du mal à se faire respecter. Pourquoi ? Parce que l'enfant qui vit dans le confort affectif dont on a parlé ressent les « ordres » de la personne qui s'occupe le plus de lui – et en général c'est la mère – comme une manifestation abusive parce qu'il n'en comprend pas la nécessité. Il vit donc ses injonctions comme un abus de pouvoir d'une personne sur l'autre. Or, l'autorité, on l'a dit, provient toujours d'un autre, d'un ailleurs, d'une raison supérieure qu'il est difficile d'expliquer à tout instant. C'est pour cela d'ailleurs que le père est dans nos sociétés l'incarnation « naturelle » de ce pouvoir.

L'enfant a besoin de ressentir ce pouvoir des parents comme une nécessité et non pas comme l'arbitraire du plus fort. Dans ces deux cas, de simples explications ont permis aux parents de se répartir les rôles et, très vite, les choses sont rentrées dans l'ordre.

### *Des enfants agités qui dérangent la classe et affolent les parents*

Ces petits durs qui terrorisent les autres manquent chez eux de limites et ils se mettent en représentation : leur comportement caricature l'autorité dont ils manquent à la maison.

À 8 ans, *Baptiste* est plutôt déluré. Il ne comprend pas qu'il doit prêter ses jouets à son frère, puisque celui-ci n'a pas l'âge de les apprécier. D'ailleurs, cette recommandation, que lui a faite sa mère, est toute formelle. Celle-ci reconnaît qu'il est l'aîné et ne veut surtout pas privilégier son frère cadet de deux ans. D'ailleurs, elle donne systématiquement les mêmes cadeaux à l'un comme à l'autre, quelle que soit l'occasion. Mais Baptiste ne s'en satisfait pas. Il est exigeant, vindicatif, coléreux et il obtient toujours gain de cause. La maman, complice et secrètement admirative de ce bambin, avoue cependant son exaspération. N'a-t-il pas dit l'autre jour à son grand-père : « Tu peux crever ! » ? Elle en a été tellement suffoquée qu'elle n'a même pas réagi. Elle se tourne vers son mari et lui demande de « faire quelque chose », mais celui-ci ne sait pas sévir. Aussi essaie-t-elle de résoudre son problème toute seule, car quand le père réagit, elle le trouve trop violent. L'autre jour d'ailleurs, Baptiste lui a téléphoné à son travail en se plaignant : « Papa m'a cassé une dent en me battant. » En fait, ce jour-là, le père avait donné une fessée à Baptiste parce que celui-ci avait fait tomber son frère en tirant violemment sur une couverture sur laquelle celui-ci était assis. Baptiste avait esquivé le coup et s'était cogné la bouche contre un meuble. Le papa trouve Baptiste violent, mais n'arrive pas à arrêter son agitation incessante. La seule chose qui le calme, dit-il, c'est la télé, mais ensuite il fait des cauchemars. Le père explique sa propre attitude par une enfance difficile : il n'a pas connu son père, et sa mère a eu des difficultés pour élever ses six enfants. La mère avoue de son côté : « C'est moi qui commande, malheureusement ! » La violence de Baptiste devant cette absence de freins et de limites devient quelque chose de monstrueux. La mère en a peur et dit même qu'il a voulu « étrangler son frère ».

*Éric* a 11 ans, il est le deuxième enfant, et sa sœur aînée a 20 ans. Bien que son histoire, son milieu social et familial soient différents de ceux de Baptiste, il est lui aussi perpétuellement agité. Mais comme dans l'exemple précédent, nous allons retrouver chez ces deux enfants des similitudes dans la configuration familiale. Éric, lui, ne vit pas avec son père, qu'il voit cependant régulièrement. Sa mère est une avocate internationale très demandée, mais néanmoins très présente pour s'occuper de son fils. Elle trouve son ex-mari inconsistant et le dévalorise, alors qu'il est au chômage. D'ailleurs, les parents du père d'Éric se sont brouillés avec leur fils, en revanche ils s'entendent parfaitement avec leur bru qu'ils voient régulièrement, puisqu'elle habite l'étage au-dessus du leur. Celle-ci dévalorise aussi ses propres parents : son père est « intégriste » dit-elle, et sa mère « dépressive chronique » ! Éric est tellement insupportable que même ses camarades le rejettent. C'est qu'il les « asticote » constamment et dans ses périodes d'excitation ne peut s'empêcher de lancer des bordées d'injures à l'égard de quiconque. Sa scolarité reste cependant convenable.

Certains médecins pourraient porter sur Éric le diagnostic d'« hyperkinésie », cette « nouvelle maladie » qui nous vient des États-Unis, et pour laquelle les Français commencent eux aussi à donner des *amphétamines*, ces excitants du cerveau qui ont chez ces enfants l'effet paradoxal de les calmer, sans cependant traiter d'aucune façon la cause de cette agitation maladive. Pour ma part, et comme l'immense majorité de mes confrères pédopsychiatres, je préfère le traitement psychologique et ai proposé pour Éric un psychodrame individuel qui, au bout de quelques mois, a eu un résultat quasi miraculeux.

Mais comment expliquer chez ces deux enfants une agitation, des colères, une excitation qui, dans le cas d'Éric en tout cas, devenaient carrément morbides. Pour Éric, cet état succédait à une enfance déjà problématique. Sujet à des rhino-pharyngites et des otites répétées, il a toujours eu des troubles du sommeil et se frappait même la tête au moment de s'endormir*. Baptiste a eu aussi des bronchites asthmatiformes et des otites multiples, mais son sommeil s'est installé plus rapidement, bien qu'il ait fait et fasse toujours de nombreux cauchemars. Or, ces deux enfants ont des parents très différents des précédents. Alors que chez ceux de Cyril et Sébastien les circuits de décision étaient faussés, ici on observe une véritable dévalorisation et une démission du père. Bien entendu, il faut nuancer ce jugement. La dévalorisation est-elle réelle ou imaginée par la mère ? Quand la mère de

*Cf. *On a rendez-vous chez le psy* « Rythmies d'endormissement », Retz-Pocket, 1995, p. 203.

Baptiste dit : « C'est moi qui commande, malheureusement... », elle reconnaît, mieux elle affirme la place du père mais considère qu'il est incapable de la tenir. Même chose pour la mère d'Éric. Or, ces deux femmes ne demandent qu'à intégrer leur mari (ou ex-mari) à l'éducation de leur enfant. Face à ce qu'elles estiment une défaillance, elles font appel au psychologue. À celui-ci de comprendre alors le rôle qu'on lui demande. Loin d'abonder dans le sens d'une exclusion du père, le rôle de celui-ci consiste à réconcilier ces femmes avec une image de père dévalorisée dans les faits. Le rôle du psy consulté n'est donc pas de se substituer au père mais de l'inciter à (re) prendre sa place.

### *Mère trop forte, père trop faible, sont-ils la cause des mauvais résultats scolaires ?*

Une certaine configuration du couple parental – mère autoritaire et père faible – semble produire des effets semblables. L'enfant ne peut se rebeller contre l'autorité maternelle et provoque le père.

> *Arnaud* a 14 ans et se retrouve en quatrième « techno » après avoir redoublé sa sixième. Mais surtout, il s'est fait renvoyer de nombreuses fois de divers établissements scolaires pour des problèmes de discipline. Il a même fugué du dernier. Il est le deuxième garçon de la famille et son frère aîné est plutôt taciturne et renfermé. Lui-même était aussi très bloqué dans son enfance, parlant très peu,

mais se retrouvant toujours du côté des chahuteurs dans un mélange de défi et de crainte de l'adulte. La mère se dit elle-même nerveuse et agitée et pense que cela perturbe Arnaud. Le père, métis, est fils de militaire ; tous ses frères sont également dans l'armée où l'un d'entre eux a bien réussi. Il est le septième de onze enfants et n'a connu de son père qu'une autorité brutale, tandis qu'il était choyé par sa mère. Il est d'autant plus désemparé par Arnaud qu'il fait tout pour que ses enfants soient plus heureux qu'il ne l'a été. Arnaud semble le narguer : il lui fait croire, par exemple, qu'il fume de la drogue et fait mine de se « rouler un joint » factice. Le père avoue : « Arnaud est complètement hors la loi. » Mais en même temps, il ne supporte pas qu'Arnaud soit en pension, dit qu'il s'y ennuie, pleure, et va même le rechercher sous le prétexte que l'internat coûte trop cher ! La mère ne sait pas quoi faire et abonde dans le sens du père quand il est dépassé par Arnaud. Celui-ci s'entend bien avec son aîné de deux ans en qui il trouve un allié contre des parents auxquels il est difficile de s'opposer sans se sentir coupable de les rendre malheureux.

*Patrick*, 14 ans, qui a une sœur de 11 ans, pose aussi de gros problèmes de discipline à l'école, où il répond avec aplomb aux professeurs. À la maison, c'est différent parce qu'il est véritablement le roi. Sa mère, aide-soignante, lui passe tout et son père, comptable, cache mal les difficultés qu'il rencontre avec lui. L'autre jour, alors qu'il le réprimandait pour ses mauvais résultats scolaires, Patrick ne lui a-t-il pas répondu : « Si tu continues… tu vas me perdre ! » La mère est touchante dans sa volonté d'essayer de concilier les exigences parentales avec une attention de tous les instants. Patrick a fait aussi une fugue qui n'a duré que quelques heures, mais qui a encore plus affirmé son pouvoir sur ses parents. Ici encore, l'histoire des parents explique presque trop facilement (parce qu'ils en sont conscients) leurs difficultés. Le grand-père paternel de Patrick était un homme simple, affecté de troubles auditifs qu'il cachait et pour lesquels il avait refusé tout appareillage. Sa femme, également malentendante, avait accepté au contraire un appareil et assumait toutes les tâches sociales que nécessite une famille. Quand son père affirmait de façon autoritaire « qu'il était le chef », le père de Patrick ne pouvait s'empêcher de ressentir une grande honte et quand, à l'adolescence, il a tenté de le critiquer, cela a déclenché une telle crise qu'il n'a pas récidivé. Du coup, le père de Patrick se dévalorise lui-même : « Je suis fragile, je n'ai pas coupé le cordon ombilical » avoue-t-il.

Dans ces deux cas, on ne peut s'empêcher de penser que les enfants manquent d'une autorité paternelle. Mais, dans les deux cas, le couple parental est extrêmement solidaire sinon soudé, et précisément on peut se demander si l'enfant différencie bien ses deux parents. Cette différence est en effet indispensable à l'équilibre de l'enfant, même et surtout si elle doit s'associer à une grande solidarité (on reviendra sur ces questions cruciales du rapport de chacun des parents à l'autorité en général, à la sienne en particulier). Ici, on a l'impression que les mères jouent tous les rôles, y compris celui de soutenir un mari qui se vit lui-même comme un père défaillant !

### *L'interdit est un besoin*

Que répondre à la question posée dans ce chapitre tellement les problèmes sont délicats et complexes ? *D'abord*, l'interdiction semble une nécessité pour l'éducation, mais très vite on se rend compte que plus l'autorité des parents est solide, moins ils ont besoin de formuler ces interdictions. Dans tous les cas que j'ai évoqués, cependant, on fait le lien entre le manque d'autorité et les difficultés de l'enfant ou de l'adolescent. Ces difficultés peuvent commencer très tôt, dès la maternelle, c'est-à-dire au tout début de la vie en société, et la maternelle réalise déjà une micro-société avec ses caïds, ses intellectuels, ses victimes, etc. Mais les difficultés peuvent devenir de véritables troubles si on n'y remédie pas. Parmi ces troubles, la redoutable *instabilité psychomotrice* nécessite une grande mobilisation de la famille pour guérir autrement qu'avec des médicaments. À l'adolescence, les difficultés s'appellent affrontement avec les parents, conduites à risques, etc.

*Ensuite*, il est difficile de repérer d'où provient le manque d'autorité. Il est bien sûr facile de l'attribuer au père, car c'est lui qui est censé la détenir. Or, quand on parle avec ces pères, on se rend compte à quel point cette attribution est culturelle et psychologique. Comment et où apprend-on à être père ? Certains le demandent naïvement. Il est clair que, dans ce domaine encore, l'expérience est souveraine. Or, dans la plupart des cas, *le propre père* du père a montré sa faiblesse derrière un comportement sévère et autoritaire. Et le père va retrouver dans son couple des problèmes qu'il croyait éloignés à jamais. Dès lors, à l'étape parentale, la mère tente de compenser cette défaillance, quand elle ne la supplée pas radicalement ! On retrouve ce que j'ai appelé la mauvaise circulation des ordres, la dévalorisation du père dans les paroles de la mère, ou cette faiblesse contre laquelle luttent les deux parents.

*Enfin et surtout* la question « pourquoi interdire ? » trouve sa réponse dans le comportement des enfants et adolescents hors du milieu familial, c'est-à-dire surtout à l'école. C'est là que se révèle le plus souvent le manque d'autorité dont a souffert l'enfant. Celui-ci le prouve en effet en provoquant l'autorité imposée, comme s'il recherchait un affrontement qui lui a manqué. Certes, les cas de figure sont extrêmement variés, mais il y a toujours d'utiles rapprochements à faire entre le comportement de l'enfant à la maison et à l'école (collège, lycée). Certains enfants, apparemment calmes chez eux, se déchaînent à l'école ; d'autres, terribles à la maison, sont exemplaires ailleurs. Tous ces comportements révèlent en fait comment l'enfant s'est structuré à partir du père, de la mère *et* du couple que ceux-ci forment.

L'interdiction, au sens large du terme, est donc essentielle dans trois domaines :

– *l'éducation* : pas d'éducation sans interdit ;

– *la vie en société*, c'est-à-dire ailleurs que dans la famille, à l'école d'abord et cela *dès l'école maternelle* ;

– *la santé psychique*, enfin.

On peut dire que tous les troubles légers ou graves de l'enfant proviennent d'un défaut d'interdit (à ne pas confondre avec la punition), depuis l'instabilité courante jusqu'aux troubles graves de la personnalité.

# II

# Punir s'apprend

J'ai distingué punition et interdiction en disant que les troubles de l'enfant provenaient d'un défaut d'interdiction et non de punition. En fait, bien entendu, l'une ne va pas sans l'autre. Mais pas dans n'importe quelles conditions.

*Rodolphe*, un adolescent de 16 ans, dernier d'une nombreuse fratrie, estime avoir de gros problèmes avec son père qu'il défie à sa façon sans que celui-ci le sache. Le père est un personnage important et imposant. Il interdit à ses enfants de fumer et tous respectent cet interdit... sauf Rodolphe qui fume en cachette depuis deux ans. Or, il n'y a jamais de conflit ouvert entre le père et son fils. D'ailleurs, Rodolphe se sent très coupable et se dévalorise énormément. Il se confie heureusement beaucoup à sa mère dont il est très proche. Tout cela entraîne chez lui ce qu'on appelle la *morosité*, une sorte de dépression larvée et chronique heureusement réversible chez l'adolescent. Dès que je vois Rodolphe, il se détend et me fait confiance, mais veut se débrouiller tout seul et ne tient pas du tout à ce que j'intervienne auprès de ses parents. À un certain moment, intrigué, je lui demande comment son père exerce sur lui une telle influence et il répond : « Mais verbalement, sans jamais hausser le ton ! » Sans menaces et sans punitions puisque Rodolphe n'a jamais osé fumer devant son père et qu'il n'a jamais désobéi à propos des horaires par exemple.

L'autorité n'a donc pas besoin de sanctions ni pour s'instaurer ni pour perdurer. Dans cet exemple-là, cas assez rare de nos jours, toute menace de sanction, toute élévation du ton dévaloriseraient cette autorité quasi naturelle. Mais, comme il nous l'a dit, Rodolphe se sent coupable. Cela signifie bien qu'il a accepté cette autorité, qu'il l'a faite sienne. Si l'enfreindre est possible, sous réserve de souffrance, l'affronter paraît insurmontable sous peine d'effondrement. C'est sans doute cette crainte de l'effondrement en effet qui explique ce respect de l'autorité. Et cela, encore une fois, parce que l'adolescent l'a faite sienne et que l'affronter reviendrait à créer en lui un conflit insupportable.

Point n'est besoin dans ce cas de menace *externe*, puisque le ressort de l'obéissance est interne. Il est cependant certain que cette obéissance est le fruit d'une énonciation qui a fait les preuves de son efficacité et cela dès le plus jeune âge. Car la désobéissance est aussi précoce que l'obéissance et il faut bien que celle-ci *s'apprenne*. Mais elle ne s'apprend bien que si les parents sont convaincus. Or, actuellement, le moins qu'on puisse dire c'est que cette question de l'autorité baigne dans la plus grande ambivalence (c'est-à-dire la coexistence de deux tendances opposées). Du coup, l'interdit formulé à l'enfant est en général si équivoque, si ambigu que l'enfant a du mal à déceler la conviction du parent qui formule cette loi et ne peut que douter de la détermination de l'adulte à la faire appliquer. Et c'est pour cela que la plupart du temps l'autorité seule n'existe pas et qu'elle a besoin de preuves et d'actes pour s'affirmer. Encore faut-il que ces preuves, ces actes soient en accord avec la volonté des parents et avec ce qu'ils disent. Tout écart entre ce qui est dit et fait est source de confusion et à l'origine d'un véritable désarroi chez l'enfant. C'est pourquoi la punition apparaît comme le complément nécessaire à l'interdiction. Car dès le départ, dès les tout premiers moments de la vie sociale de l'enfant, une interdiction qui ne fait pas la preuve de sa réalité se disqualifie et devient rapidement complètement inefficace.

### *Les «parents battus», une réalité caricaturale*

La disqualification des parents qui n'arrivent pas à se faire respecter, c'est-à-dire à faire appliquer leurs interdictions malgré les menaces et les sanctions, peut prendre des proportions gigantesques dans certains cas qui peuvent aller jusqu'à cette aberration psychologique que réalise le *syndrome des parent battus*.

> *Jane* a 17 ans. Je ne la verrai jamais. Et pour cause : sa mère vient me voir accompagnée de son compagnon parce que la vie est intenable à la maison. Elle a eu Jane très jeune, à 17 ans, d'un garçon qu'elle n'a jamais revu.

Elle l'a élevée seule pendant une dizaine d'années, puis a rencontré son compagnon, un homme beaucoup plus âgé qui a accepté la présence de Jane. Avant cette rencontre, Jane et sa mère ont vécu dans une fusion quasi totale, la mère se confiant à la fille et réciproquement. La faible différence d'âge a accentué cette complicité de tous les jours, si bien que la venue du « beau-père » a été très mal vécue par Jane. C'est ce que m'explique sa mère devant son compagnon, venus tous deux me voir à l'insu de Jane. Car, me disent-ils, si « elle » savait qu'on est venu vous voir, elle ferait un cirque pas possible et nous frapperait. Elle sait, ajoutent-ils, que son beau-père se lève très tôt le matin pour prendre son service, alors elle en profite pour mettre sa chaîne « à fond » la nuit pour l'empêcher de dormir. Bien entendu, les voisins ont protesté et appelé la police, mais la façon dont ça s'est passé a découragé les récidives. Les policiers sont bien venus, en effet, Jane a même été entendue seule dans sa chambre par une femme policier à qui elle s'est confiée et à qui elle a promis de ne pas recommencer. Sitôt les policiers partis, elle s'est empressée d'empêcher son beau-père de dormir. Je suggère aux parents de lui dire qu'ils sont venus me voir, car je soupçonne derrière cette rébellion caractérisée une souffrance certaine. Mais les parents ont trop peur de Jane. Ils refusent. Je leur donne tout de même un mot rédigé à l'intention de Jane. Je ne les verrai plus.

Cette histoire montre à quel point la toute-puissance de l'enfant a besoin d'être cadrée très tôt, car elle tend, sans cela, à s'imposer sans limites. De plus, on peut supposer que cette mère a eu d'autant plus de mal à convaincre Jane de la nécessité de refaire sa vie avec cet homme qu'elle-même a eu des difficultés à s'y résoudre. Cela n'empêche que consciemment elle se sente complètement désemparée et cherche sincèrement de l'aide. Or, l'enfant a grandi, elle garde un certain investissement scolaire malgré ses difficultés, et elle est devenue une adolescente consciente de sa force. Il est donc difficile d'intervenir à ce moment de son histoire et on pressent que même l'appel au juge d'enfant, dont la vocation est avant tout de protéger le mineur en danger, ce qui est aussi le cas ici, ne sera pas la solution miracle.

> *Marc* est un peu plus jeune (15 ans), mais est présenté lui aussi comme un caractériel dangereux par ses parents. Pourtant, il travaille bien en classe mais ne peut s'empêcher de sadiser sa petite sœur ou de menacer sa mère. Dehors, en revanche, il est plutôt craintif et se méfie des camarades plus délurés que lui, mais on a cependant appris récemment qu'il menaçait au téléphone un voisin âgé et qu'il faisait des virées avec un camarade dans des lieux fréquentés par des homosexuels. À la maison, Marc a des accès de colère au cours desquels il casse absolument tout ce qu'il rencontre. Il a frappé son père à plusieurs reprises et celui-ci tente parfois de le « ceinturer » avec une certaine efficacité. La mère de Marc, ici encore, le comprend profondément : elle a une grande complicité avec lui. Mais elle admet tout de même que maintenant il dépasse les bornes et qu'il faut qu'elle fasse corps avec son

mari pour contenir la violence de Marc. Elle accepte donc de parler de lui à un spécialiste, accompagne Marc chez plusieurs médecins. L'un d'eux cependant a failli faire tout échouer parce qu'il accusait le père de mauvais traitements. Justifiée ou non, cette accusation s'expliquait en grande partie par le défi lancé constamment par Marc à l'autorité paternelle. Un autre médecin a prescrit un traitement médicamenteux que réclamait Marc lui-même, angoissé par sa propre agressivité. Une psychothérapie par le psychodrame individuel arrivera tout de même à juguler, c'est-à-dire à transformer en mots, cette violence impressionnante.

## *Punir, c'est donner du poids aux mots*

Le parent dépassé crie, menace, fait intervenir son conjoint. Cela calme parfois le jeu, surtout si le conjoint, ayant plus de recul, prend les choses différemment et n'emboîte pas systématiquement le pas aux desiderata de son époux(se). Mais les cris, plus encore que la colère, sont mal acceptés par l'enfant qui préfère de loin une sanction qui le libère.

*José*, 13 ans, a été pris en flagrant délit de vol dans des voitures avec une bande de délinquants. Il a vécu sa mise en examen comme une véritable épreuve. Il est sincèrement contrit et prêt à tout pour se rattraper. Et il est vrai que depuis il a racheté sa conduite. Au bout d'un certain temps, on se rend compte d'une véritable guerre entre ses parents et lui, guerre qu'on ne soupçonnait pas, tant le sentiment de culpabilité de José la masquait par une obéissance nouvelle et absolue. Or, José ne supporte plus ses parents. Il ne supporte plus les sorties interdites, mais surtout les questions incessantes et il gémit : soit ils hurlent, soit ils questionnent! Parler à son père? C'est « l'impossible absolu ». Le père confesse : « Il a été trop couvé. » Et la mère livre cet aveu étonnant : « C'est comme s'il était *dans* moi. » On peut se demander ce que fait José quand il part de chez lui, mais on peut aussi se demander quel personnage il représente pour ses parents. Il est en effet apparemment l'objet d'une inquiétude démesurée, disproportionnée avec ses capacités de déviance, et qui semble s'adresser au personnage inquiétant et caché d'une histoire familiale honteuse. En fait, les parents ne sont pas si inquiets que cela des écarts de langage de leur fils. Tout se passe comme si celui-ci leur assénait, devant témoins, leurs quatre vérités et ils n'en sont pas autrement choqués.

Dans ce cas, on sent bien qu'une certaine vérité se trouve dans le discours de l'enfant, et que les parents qui y sont sensibles ont, du coup, bien du mal à le punir. Mais cette vérité est lourde à porter par celui qui s'en fait le support et l'enfant éprouve le besoin de se faire punir de son audace par d'autres, par les représentants de la loi précisément, et sans être l'instigateur de quoi que ce soit, simplement en suivant des jeunes plus âgés que lui, plus audacieux, plus à l'image de l'adulte qu'il souhaiterait devenir.

Dans de telles circonstances, comment cet enfant peut-il obéir, se conformer à une règle, bref devenir adulte ? Adulte, il l'est peut-être précocement par sa confrontation au milieu de la rue, proche des réalités de la vie, par la place qu'il est amené à prendre face à ses propres parents. Car, comme on l'a vu, il faut en quelque sorte que la loi s'exerce coûte que coûte : si cela ne se fait pas par l'intermédiaire des parents, ce sera la société, et si celle-ci est trop indulgente, ce sera l'enfant lui-même qui assénera telle vérité à ceux qui sont censés la lui inculquer.

Si la loi n'est pas énoncée, si la transgression n'est pas sanctionnée, c'est l'enfant qui, le plus souvent inconsciemment, s'infligera la punition méritée. Aussi, les plaintes de José se justifient-elles : les parents ne font que crier ou questionner. Tout cela, c'est du vent. D'ailleurs, ils se sont plaints récemment que José alourdisse les notes de téléphone. Or, José sait qu'il existe un système grâce auquel il peut ne recevoir que des appels, mais les parents refusent de le faire installer. Donc, « tout ce qu'ils disent c'est *du vent* ».

La sanction, réelle ou sollicitée inconsciemment par l'enfant, c'est donc ce qui donne du poids aux mots, c'est-à-dire à l'interdiction. L'éviter, c'est enlever aux mots leur pouvoir. L'appliquer sans motif a curieusement les mêmes effets : enlever le sens véhiculé par les mots. Sanction et interdiction sont donc dans un rapport complémentaire : ce sont les deux versants d'une même réalité. L'enfant doit être convaincu que le parent croit à ce qu'il dit, et à ce qu'il interdit, c'est-à-dire qu'il appliquera sans faille la punition en cas de manquement à la règle. Et du coup, il respectera l'interdit, non comme une parole vaine, mais comme une parole vraie qui l'aidera à se construire.

## *Qui aime bien châtie bien*

Cet adage suranné fait actuellement scandale quand on l'énonce. C'est ce qui s'est passé encore récemment quand je parlais de ces problèmes devant un public d'éducateurs. Une psychologue a protesté en citant un cas de mauvais traitements. Je n'ai pas eu de peine à lui répondre qu'en l'occurrence les parents n'aimaient ni ne châtiaient bien. Tout est question de nuances certes, mais il existe actuellement en France – venant sans doute des États-Unis – un tel vent « politiquement correct » de prétendue non-violence, considérant la moindre gifle comme un mauvais traitement, qu'on est en droit de s'interroger.

Qu'on me comprenne bien. Je ne prône ici ni le châtiment physique systématique, encore moins le retour au fameux « martinet » dont les enfants arrachaient systématiquement les lanières de cuir, ni enfin le retour à l'éducation dite « anglaise ». Ce que je dis, c'est que l'autorité devrait suffire à faire respecter l'interdiction par l'enfant. Quand celle-ci n'est pas suffisante pour les raisons que j'évoquais, on peut bien entendu faire appel à un tiers, mais on ne le peut quotidiennement. De plus, l'enfant a besoin que ce soient *ses parents à lui* et non les grands-parents par exemple qui le fassent obéir. Or, il n'y a rien de pire pour un enfant que de ne pas se voir poser de limites (et ce ne sont pas les mauvais traitements, bien au contraire, qui en posent). On peut même aller jusqu'à dire qu'il existe actuellement des enfants qui souffrent d'une **absence de limites qui est assimilable à de mauvais traitements.** Or, quand les parents sont incapables de faire respecter certaines règles simplement par la parole, ils sont alors obligés de crier, mais cet aveu d'impuissance est en même temps la manifestation de leurs propres limites. Il y a des choses qu'ils ne peuvent supporter, et c'est heureux ainsi. L'enfant perçoit donc leurs limites comme une barrière et il va les faire siennes plus tard.

Un père vient me voir, décomposé. Son fils *Gilles*, 12 ans vient, me dit-il, de tenter de violer sa sœur de 8 ans. La petite s'est débattue, a crié et tout s'est très vite arrêté. Mais ce qui inquiète le plus le père, c'est ce que lui a répondu Gilles quand il lui a dit que c'était défendu. « Pourquoi ? » lui a demandé Gilles et le père n'a pas su lui répondre, et c'est ce qu'il vient me demander à son tour. Et on peut se demander si ce que les psychanalystes appellent la loi-du-père est incarnée dans cette famille.

La loi-du-père est en effet ce qui interdit l'inceste dans le milieu familial. Si cette loi n'est jamais formulée, elle est cependant opérante dans les cas où le couple parental est équilibré de telle façon que les enfants perçoivent un ordre supérieur situé au-delà des simples règles de vie commune. La fréquence de l'inceste fraternel permet de se poser une question d'envergure quand on voit l'intérêt suscité de nos jours par les mauvais traitements. L'inceste fraternel cependant, contrairement au cas que je relate ici et qui est essentiellement une *provocation* (littéralement : pousser à parler), est en règle générale silencieux et reste secret.

Dans le cas de la famille de Gilles, on apprendra que le père est fréquemment sujet à des sortes de « fugues » impulsives qui lui font quitter le foyer pendant une huitaine de jours. Au cours de celles-ci, Gilles qui est l'aîné « rassure » ses frères et sœurs, et se demande « pourquoi ils s'inquiètent tant que cela ». Il console sa mère et ne semble pas du tout fâché du départ de son père. On peut, sans forcer trop les choses, faire sans doute un rapprochement entre ceci et cela. Le père de Gilles est à la fois maladroit sinon brutal, et inefficace, comme on le voit dans cet exemple, et cela malgré toute sa bonne volonté.

J'ai parlé dans cet exemple de provocation. Or, la vie en famille, la promiscuité obligatoire qu'elle entraîne – le partage des chambres, celui de la salle de bains, etc. – est une perpétuelle provocation aux sollicitations qu'on ne peut appeler autrement que sensuelles. C'est bien pour cela qu'il est nécessaire que certaines règles (frapper à la porte de la chambre des parents, par exemple) soient édictées, verbalisées. C'est à ce prix que les enfants de sexe opposé, mais aussi ceux de même sexe, conserveront une distance qui les rassure et leur permet de s'épanouir. Combien de fois le fait d'interdire à l'enfant le lit de ses parents, mais aussi celui des frères et sœurs, a pu valoir au psychanalyste d'enfants des succès rapides. Et qu'on ne dise pas ici qu'il s'agit de *pédagogie*, quand il est plutôt question de se substituer utilement à des parents défaillants qui sont sincèrement étonnés de notre intervention mais la comprennent bien.

Mais cette substitution, qui est d'ailleurs plutôt une suggestion, doit susciter chez le parent lui-même une interdiction qu'il assume. Le père de Gilles fait appel à un tiers, d'autres parents se mettent en colère, certains hors d'eux donnent une claque : même si l'on peut hiérarchiser ces comportements, ils procèdent tous d'une même intention parfois préconsciente, mais finalement salutaire et il ne saurait être question, à moins d'être complice, de désavouer le parent qui s'en fait le porte-parole, même si cette parole a été prise de court par le geste.

> *Monique*, à 12 ans, est un peu garçon manqué. Ses deux parents sont dans l'armée où ils ont une fonction en rapport avec le maintien de l'ordre. Or, Monique est à la limite de la délinquance, elle fréquente une bande, a touché au haschich, s'est retrouvée convoquée au poste de police pour complicité de vol. Les parents sont dépassés, sinon désespérés. Ils n'osent plus agir car Monique a déjà fait une tentative de suicide impulsive en avalant les somnifères de sa mère. Ce jour-là, tout va mieux. Monique, d'habitude l'air renfrogné et boudeur, sourit franchement et regarde en face. Que s'est-il passé ? Le père s'est aperçu de lui-même que le comportement transgressif de Monique le visait personnellement. Au lieu de rester impassible et de faire semblant de ne rien voir ni entendre, il a décidé… de donner une fessée à Monique. Au lieu de la réaction qu'il craignait, celle-ci a été immédiatement soulagée et s'est calmée, à son propre étonnement.

Ce genre d'histoires est tellement fréquent qu'il donne, ou devrait donner, à réfléchir. Certes, il y a mieux que le châtiment corporel, mais celui-ci vaut mieux que rien. Déconsidérer le père pour son acte reviendrait à nier son rôle en tant que père.

## *L'autorité est nécessaire*

L'autorité des parents est nécessaire, il est symptomatique de notre société qu'il faille le rappeler. Cette autorité est en effet de moins en moins « naturelle ». Elle est entachée de tous les abus qui ont été véhiculés par la vague éducative et répressive de la fin du XIXe siècle et du début du nôtre. La psychanalyse a contribué d'ailleurs à cette réaction salutaire. Mais les parents n'y ont entendu que le côté permissif. Pourtant, Françoise Dolto a toujours su faire comprendre aux parents qu'une frustration apparente s'accompagnait toujours de gratifications dans un autre domaine que celui que l'enfant abandonnait.

Les enfants restant toujours des enfants, ils manifestent parfois de façon bruyante leur besoin d'autorité. Les parents répondent comme ils le peuvent, de leur façon parfois maladroite, parfois violente. Et si la violence n'est pas justifiable, la réaction l'est et il ne faut pas invalider celle-ci à cause de celle-là. Le besoin d'autorité n'est pas un besoin de punition. Il est besoin de limites, d'interdits que le désir naissant des enfants engendre par sa violence même. C'est pourquoi l'interdit est aussi menace, menace avant tout de perdre l'amour des parents. C'est pour cela que les enfants l'acceptent : ils préfèrent conserver cet amour la plupart du temps. Car il faut qu'ils sentent qu'ils risquent véritablement de le perdre. Et c'est là qu'est le paradoxe de l'apprentissage lors de cette première épreuve de force : le châtiment doit être accepté et compris par l'intéressé lui-même et il ne peut l'être que si le correcteur est convaincu de ce qu'il fait.

*Bénédicte* a 5 ans. Elle est la fille unique et désirée de parents extrêmement actifs. Le papa est haut-fonctionnaire, la maman est médecin. Ils vont régulièrement en week-end dans la propriété familiale en emmenant d'ailleurs souvent une petite amie de Bénédicte. Pas de baby-sitter le dimanche. Bénédicte a enfin ses parents pour elle toute seule. Catastrophe, le téléphone ne marche plus. Le père, qui attend des coups de fil importants et doit pouvoir être joint à tout moment, découvre rapidement la cause : le fil du téléphone a été coupé ! Il découvre aussi rapidement la coupable. Il emmène Bénédicte dans son bureau et négocie avec elle le châtiment. La maman a décidé de ne pas intervenir car ses relations avec Bénédicte sont orageuses en ce moment. Bénédicte et son père ressortent du bureau. L'air important, Bénédicte déclare qu'elle est privée de télévision pendant toute une semaine. Plus de dessins animés, qu'elle adore pourtant. La semaine se passera parfaitement. Bénédicte reste radieuse, manifestement soulagée par cette punition, dont elle parle à qui veut l'entendre.

# III

# Qui commande ?

La mère de Bénédicte* a préféré laisser son mari punir sa fille. Elle a sûrement bien fait : l'autorité doit se distinguer en effet du pouvoir, et le sien commençait à s'user. Je veux dire que la proximité des rapports quotidiens ne facilite pas l'exercice de l'autorité, qui risque rapidement de paraître arbitraire à l'enfant. C'est pourquoi le couple parental a toujours joué du renvoi de la décision de l'un à l'autre.

> On connaît la fréquence de ce genre d'histoire :
> – Papa, dit le garçon, est-ce que je peux… (regarder la télévision, aller faire du foot, etc.) ?
> – Demande à ta mère !
> – Mais elle vient de me dire de te demander à toi.

Les rôles sont interchangeables. De nos jours, à l'époque de la responsabilité conjointe, cette plaisanterie

*Voir chapitre précédent.

ne fait même plus rire. Hasardez-vous à demander à un enfant *qui* commande à la maison, il (elle) vous répondra invariablement « les parents », sans distinguer le père de la mère. Cette non-distinction va de pair avec le déclin de l'image paternelle en Occident. Ce déclin paraît inéluctable malgré des tentatives de résistance apparemment vouées à l'échec. Il semble en effet que l'origine de ce déclin soit liée à la fois à la baisse du sentiment religieux et au matérialisme lié à l'économie libérale de la société de consommation. Ces deux phénomènes conjugués favorisent le pouvoir des mères parce qu'elles sont plus proches de la réalité matérielle, ce qui ne veut pas dire, bien au contraire, qu'elles n'aient pas d'activités intellectuelles. Simplement le père n'est plus le seul détenteur de l'autorité et il n'est plus le seul à incarner les valeurs idéales auxquelles continue cependant de se référer la société. Il fonctionne, comme on dit, le plus souvent comme une seconde mère, une mère auxiliaire, voire même dans certains cas une rivale.

Les parents de *Julien* s'inquiètent des résultats scolaires de leur fils, mais ne le contraignent pas outre mesure. Madame est employée de banque, et monsieur, un ancien éducateur, est compréhensif. C'est lui qui, grâce à des horaires aménagés, s'occupe des enfants après l'école, leur fait faire leurs devoirs. Il fait aussi les courses et la lessive le dimanche. Bref, c'est un père très présent à la maison. Julien a l'air heureux de vivre mais sous cette apparence se cache en fait une excitation permanente. Quelques mois après sa prise en charge, j'apprends que les parents se séparent. Le mari refuse le divorce, mais ne peut bien entendu empêcher sa femme de louer un appartement à proximité. Il ne comprend pas l'insatisfaction de sa femme. Celle-ci est incapable d'expliquer les raisons de cette séparation. Elle finira par dire qu'elle se sent dépossédée de ses enfants (Julien a un frère cadet) et que tout ce qui concerne la maison lui échappe.

## *Le partage des tâches et des rôles*

Certes, le féminisme a relativement porté ses fruits : le mari partage en général à égalité les tâches matérielles de sa femme qui travaille en plus à l'extérieur la plupart du temps. Mais ce partage des tâches semble entraîner un égal partage des rôles sur le plan symbolique. De la même façon qu'on a pu noter une diminution des différences liées à l'appartenance sexuelle, les rôles paternel et maternel paraissent de moins en moins différenciés. Pourtant, la différence sexuelle reste la norme absolue.

Les enfants ont du mal à identifier le comportement qu'ils sont censés maîtriser grâce à l'exemple du parent du même sexe. Cela touche beaucoup plus le garçon que la fille. Est-ce un hasard si ceux-ci forment plus des deux tiers des consultations spécialisées ? Invoquer comme raison qu'une plus forte pression scolaire pèserait sur le garçon, la fille ayant classiquement moins besoin de faire d'études, me semble largement dépassé. Or, cette évolution sociologique qui pèse d'ailleurs autant sur les hommes que sur les femmes, entraîne sur le plan du couple un déséquilibre parfois subtil. La mère qui élève ses enfants et reste proche d'eux est aussi la mère qui surveille et punit. Elle a moins tendance à se décharger de ce second rôle sur le-mari-qui-rentre-tard, d'autant que celui-ci n'incarne plus vraiment la référence extérieure. Comme toujours, les situations de divorce exacerbent ces différences et les portent au grand jour. Les magistrats se retrouvent tout naturellement incarner cette référence paternelle que le législateur a retiré au père. Les mères comprennent pratiquement toujours cela. Elles sont les premières à remarquer que leur enfant se comporte différemment quand le père est là et elles savent bien ce que signifie le fait de se référer à un tiers pour leur enfant, qu'il s'agisse de leur propre père, du médecin, voire du psychanalyste. De leur côté, les pères semblent avoir baissé les bras. L'argument du travail – ou du chômage – voire du surmenage, cache mal le fait qu'ils se sont souvent sentis, par moment, désarmés dans l'éducation de leur enfant et ont renoncé à « se battre ». C'est pourquoi une discussion sur les rôles respectifs du père et de la mère est bienvenue dans tous les problèmes psychopédiatriques.

## *Une discussion bienvenue*

Quoi de plus facile apparemment pour le coupe que de discuter ensemble de l'éducation des enfants. Pourtant, accaparés par les tâches quotidiennes et, il faut bien le dire, rechignant à se remettre mutuellement en cause, les parents laissent passer des occasions décisives.

*Marie* n'a pas beaucoup d'amies et ses parents la trouvent renfermée. Elle est effectivement un peu triste. Son papa en est inquiet, la maman essaie à tout prix de la faire parler. Seuls dans le cabinet du psy, les parents discutent ensemble et pour la première fois se parlent de leur comportement par rapport à leur fille. La mère est tout étonnée et tombe des nues quand son mari lui dit qu'il la trouve un peu trop exigeante. Surtout, il pense qu'elle ne l'écoute pas assez. Bien sûr, il a une profession extrêmement prenante et rentre parfois à minuit, mais il a tenu à être là et a des choses à dire. La mère reconnaît que depuis que son mari s'occupe plus de Marie, elle-même a plus de patience. Mais elle se trouve « autoritaire dans le mauvais sens du terme » et, ajoute-t-elle : « j'exige tout tout de suite. » La consultation aura été pour ces deux parents l'occasion de discuter ensemble de leur propre attitude et les problèmes de Marie vont aller en s'améliorant.

La présence d'un père et d'une mère permet à elle seule d'élargir l'horizon de l'enfant, de lui éviter de s'enfermer dans une relation exclusive. Mais pour que cette dualité soit efficace, il faut que les deux parents se parlent et qu'ils se parlent vraiment.

*Antoine* a la chance d'avoir une mère très attentive : elle est pédopsychiatre et remarque à juste titre tel mouvement de repli de sa part, tel manque de persévérance pour inviter des amis qu'il aime. Elle craint aussi que sa profession déforme son jugement et demande un regard extérieur. Son mari est très présent. Tient-elle compte de son avis ? Elle l'a trouvé dépressif ces temps-ci et celui-ci acquiesce, il est entièrement d'accord avec sa femme. Quant à Antoine, il n'a aucune envie de me parler. Du haut de ses 6 ans, il se contente de rectifier les inexactitudes du récit de sa mère. Je poursuis donc la conversation avec les deux parents. Si le père est « globalement » d'accord avec ce que dit la mère, il n'empêche que celle-ci a besoin d'un autre avis que celui de son mari pour se rassurer sur la santé de son garçon.

L'entretien permet cependant de faire comprendre à cette femme intelligente et sensible qu'elle pourrait, comme beaucoup d'autres, utiliser son mari mieux qu'elle ne le fait. Il faut dire à la décharge de ces mères attentives que les pères sont beaucoup moins observateurs et que, sans elles, nous passerions à côté de nombreux problèmes. Or, combien d'adultes regrettent de n'avoir pas pu consulter un psychologue à l'époque où leur souffrance ne pouvait se dire ?

*Sébastien*, dont j'ai déjà parlé (chapitre 1), est cet enfant qu'on me décrit comme sans foi ni loi. Il écrase tout ce qui le gêne sur son passage. Évidemment, il ne dit ni bonjour, ni au revoir, ni merci. À l'école, il pousse violemment ses camarades qu'il fait tomber et les parents des enfants se plaignent de lui. Ses parents s'entendent bien : ils désirent d'autres enfants, mais c'est la mère qui attend pour faire le prochain l'avis de Sébastien. Le père reste effacé. Interrogé, il trouve sa femme trop laxiste. Elle *faiblit*, elle *flanche* au dernier moment, alors qu'ils prennent ensemble la décision de sévir. Cette mère est tellement anxieuse que rien ni personne n'a apparemment le pouvoir de la tranquilliser. C'est l'angoisse de la mère, dans ce cas comme dans beaucoup d'autres, qui semble régir la vie familiale. Or, l'angoisse – si je puis m'exprimer ainsi – est très mauvaise conseillère tant qu'elle ne trouve pas quelqu'un à qui s'adresser. On a parfois l'impression que ces mères sont comme des petites filles que seul leur papa pourrait rassurer. Leur mari n'y peut rien et se contente de subir. Pourtant, il faut bien qu'il intervienne quand il s'agit de *leur* enfant. C'est pourquoi dans ce cas j'ai conseillé, je l'avoue, à cette mère cultivée et intelligente de revenir au Moyen Âge et d'obéir tout simplement à son mari. En tout cas, c'est ce qu'elle a entendu, et ce qu'elle a fait. Le résultat a été quasi instantané. La semaine suivante, tout semblait (provisoirement) rentré dans l'ordre. Sébastien était presque devenu un enfant calme, la maîtresse n'en revenait pas.

Le pédiatre qui soigne une rougeole, une rhino-pharyngite ou une bronchite n'a pas besoin de convoquer le père pour aider à l'exécution de son ordonnance. Il fait à juste titre confiance à la mère, voire même dans certains cas à la personne qui accompagne l'enfant. Le pédopsychiatre, le psychologue, le psychanalyste d'enfant sont la plupart du temps sollicités par les mères pour donner leur avis sur l'enfant, suggérer des décisions concernant son avenir, et bien d'autres choses encore. Or, si les troubles de l'enfant justifient la plupart du temps cette demande de conseil, leur avis risque de déborder largement sur les prérogatives du père. « Quel bon père feriez-vous pour mon enfant ! » m'avouait naïvement cette mère toute prête d'ailleurs à ne pas suivre mes conseils. Le psychologue doit toujours refuser avec douceur ce rôle qu'on voudrait lui faire endosser, sans quoi il participe malgré lui à l'éviction dommageable du père. Les arguments de ces mères ne doivent pas l'influencer car quelle que soit la défaillance ou l'incapacité du père réel, il ne faut tout de même pas oublier que c'est celui de l'enfant, *a fortiori* quand le père est présent, sait ce qu'il veut, donne son avis. J'ai constaté que dans l'immense majorité des cas où le père refusait une consultation, c'est parce qu'elle entrait dans la continuation d'une exclusion de sa parole. Aussi, comme l'avait toujours souligné Françoise Dolto, le père doit être le plus tôt possible introduit dans le projet d'aide de son enfant.

## *Le père gendarme*

Voici maintenant un type bien particulier de configuration parentale. Ici la mère fait appel au père, mais cet appel n'a rien à voir avec la référence à la parole d'un tiers que j'ai évoquée jusqu'à présent. Non, au contraire, cet appel n'est qu'un ordre intimé au mari de sévir, physiquement au besoin. Dans ce genre d'affaire, le père n'est que le bras séculier de la mère et non une référence spirituelle. Son action n'est requise qu'en fonction d'une force physique que la mère n'a pas, voire de la force supposée du *père fouettard* qu'on invoquait dans le temps pour intimider les enfants. La mère a donc entre ses mains tous les pouvoirs : l'autorité, pouvoir moral qu'elle exerce sur le mari ; la force, pouvoir réel qu'elle applique à ses enfants par personne interposée. Tout se passe comme si dans un État tous les pouvoirs étaient réunis dans un seul pôle sans contre-pouvoir ni contrôle ! Bien entendu, dans ce cas, la dualité du couple parental est réduite à peu de choses et l'enfant sait parfaitement d'où viennent les ordres. C'est pourquoi on assiste parfois à une collusion à peine secrète entre la victime et le bourreau, l'enfant et le père, collusion dont la mère se plaint amèrement.

Ce cas paraîtra caricatural et même extrême. Quelques variantes peuvent y être apportées : le père peut, comme je le suggérais, obéir de mauvaise grâce, l'enfant peut narguer celui-ci et prétendre – parfois à juste titre – que les coups ne lui font pas mal. Cela ne change guère le résultat psychologique. Quoi qu'il en soit, le cas que j'ai décrit est loin d'être rare. De nos jours, il prend même un aspect éminemment paradoxal. La maman qui a beaucoup, mais mal, lu Françoise Dolto ou Maud Mannoni prend appui sur les théories psychanalytiques pour enjoindre le père de remplir son rôle de père. Elle essaie de le culpabiliser d'autant plus facilement que celui-ci a effectivement du mal à dire non... à sa femme ! Pour peu que ses enfants l'énervent lui aussi, il jouera le rôle qu'on lui demande.

> *Jean* et *Danièle* ont trois enfants. Lui est professeur de mathématiques, elle institutrice. Jean a eu de gros problèmes avec son père dont l'infirmité – il était paralysé

des deux jambes – et le mauvais caractère réunis l'ont empêché de s'opposer à lui. Il a eu en revanche une complicité complète avec sa mère. Il s'est marié très jeune, très amoureux de Danièle, légèrement plus âgée que lui. Celle-ci est très anxieuse, et cette anxiété prend parfois un masque tyrannique. Elle est très exigeante avec les enfants, exige tout tout de suite. Ce soir-là, elle voulait que *Sylvain*, le dernier, mette ses chaussures immédiatement. Jean n'est pas convaincu de cette nécessité, mais Danièle crie tellement qu'il préfère donner au petit une claque tout de suite. Bien entendu, Sylvain hurle et part dans sa chambre en claquant la porte. Mais l'histoire ne s'arrête pas là : Danièle va le rejoindre et, sans doute culpabilisée, essaie de jouer avec lui pour le détendre. Sylvain ne le supporte pas et lui donne des coups de pied.

Dans cette courte histoire, malheureusement fréquente, non seulement la mère aboutit à ses fins, et cela sans avoir besoin de le demander au père, mais en plus elle le déconsidère en voulant annuler son acte. C'est l'enfant qui va réagir à ce traitement pour le moins contradictoire. Doit-on dire que son agressivité est anormale ou qu'au contraire il est seul à réagir sainement ? Voici à quel genre de dilemme est confronté chaque jour le psychologue d'enfant.

*Julie*, 6 ans, est en conflit permanent avec sa mère. Très coquette, elle ne cesse d'avoir une attitude séductrice avec son père. Dès que celui-ci rentre, il n'y en a que pour lui et elle devient subitement un ange. Le père a bien conscience que « Julie cherche à séparer ses parents », mais ne voit vraiment rien de répréhensible dans son comportement. Il se sent cependant culpabilisé quand sa femme s'appuie sur ses lectures pour l'accuser d'avoir une attitude incestueuse. De plus, elle lui répète que c'est à lui de sévir et non à elle, bref elle l'oblige à donner des fessées. Cela calme d'ailleurs remarquablement Julie.

Cette séquence est très instructive. Aucun des parents n'est « coupable » dans son attitude. Chacun suit son tempérament et les conséquences inconscientes de sa propre éducation. La mère « a raison » de ne pas supporter une séduction qu'elle voit comme malsaine et réciproque. Le père de son côté trouve sa femme beaucoup trop rigide et sévère. Chacun subit sans le savoir le résultat de sa propre histoire et retrouve dans son conjoint l'un des parents avec qui il (elle) a vécu une relation privilégiée ou conflictuelle. Quant à l'enfant, elle suit elle aussi sa propre pente et attise inconsciemment la jalousie de sa mère. Il y a de toutes façons un manque flagrant de dialogue entre les deux parents et ce manque d'échanges retentit sur le comportement de Julie. Inutile de dire qu'une aide psychologique des parents serait dans ce genre de cas particulièrement bienvenue.

### *Comment le père peut-il s'imposer ?*

Certains pères nous confient leur désarroi. Ils perçoivent dans l'attitude de leur épouse une attitude qu'ils trouvent trop protectrice avec leur enfant et rien ne leur permet d'agir. Leur femme ne veut rien entendre, et le garçon – car il s'agit ici le plus souvent d'un garçon – est incapable de se détacher de liens qui lui procurent un certain nombre d'avantages non négligeables. Certains pères envisagent même le divorce pour se faire entendre. Quand cela arrive, certes la surprotection ne prend pas fin, bien au contraire mais au moins il y a un tiers, médiateur ou juge des affaires matrimoniales (etc.) entre les deux parents.

Certains pères « se battent » donc comme on dit, d'autres au contraire baissent les bras. L'enfant a besoin d'être séparé de sa mère. Dans beaucoup de cas, la mère en a conscience et s'appuie sur son mari pour qu'il l'aide, si besoin est, à ne pas envisager une vie centrée uniquement sur leurs enfants. Dans certains cas, le penchant surprotecteur de la mère, créé par telle difficulté du nourrisson à la naissance ou telle maladie, est contrecarré à bon escient par l'intervention du père. D'une façon générale, le père a conscience que son rôle consiste à « séparer » moralement l'enfant de sa mère. Dans les cas qui nous préoccupent ici en revanche, il semble que *rien* ne puisse mettre de limites à ce fameux instinct maternel.

Quelles que soient les explications qu'on peut donner à ce phénomène – et l'arsenal théorique des psychologues en est plein – il devient un fait incontournable. Or, ce genre de faits est encouragé par ce qu'on appelle le déclin de la figure paternelle, déclin entériné par le législateur. Je pense que ce phénomène social ne fait qu'aggraver le phénomène psychologique en question. Car il y a, qu'on le veuille ou non, des ponts entre législation et parole du père, milieu extérieur et vie familiale. Et toutes les mères ne sont pas attachées aux valeurs anciennes pour maintenir coûte que coûte la place du père. En voici cependant un exemple récent.

> *Mme G...* a eu beaucoup de problèmes avec son fils qui a un asthme grave et pour lequel elle continue à se faire du souci. Il a 16 ans maintenant et sa sœur cadette de deux ans ne pose pas de difficultés. Le garçon va bien lui aussi et a été aidé de façon profitable par des années de psychothérapie. Mais quand je demande à voir le père, je me heurte à une impossibilité totale. Celui-ci est décrit comme étant totalement opposé à toute consultation de ce genre. D'ailleurs, il n'est pas venu une seule fois dans le centre où était suivi son fils. C'est la mère qui s'occupe de tous les papiers et de la marche entière de la maison. Elle fait tous les achats par exemple, prend à la demande de son mari toutes les décisions et lui remplit tous ses questionnaires administratifs. Elle a conscience qu'elle joue tous les rôles mais le caractère violent de son mari, qui a eu des problèmes sérieux avec les voisins, rend indispensable cette prise en main. En ce qui concerne ses enfants, elle fait tout, dit-elle, pour leur présenter les décisions comme étant prises à deux et ménager la figure paternelle. Elle a ce mot : « Je les élève seule, mais je fais semblant de les élever à deux. » Or, cette attitude, qui pourrait apparaître comme fausse et être la source de troubles graves, ne l'est apparemment pas, ce qui est corroboré par l'attitude des enfants.

À l'opposé, certaines mères, en particulier en cas de divorce et d'autant plus que celui-ci n'est pas accepté, continuent de poursuivre le père comme l'ennemi absolu, et ce quelquefois avec la complicité inconsciente de certains juges. Les excès, dont l'écho nous vient d'outre-Atlantique, font parfois redouter leur influence. Non seulement ce que dit l'ex-mari, resté pourtant père des enfants – et parfois père fort actif –, ne compte pour rien, mais le moindre propos agressif, la moindre menace, et bien entendu la moindre gifle, sont dénoncés comme mauvais traitement ! Or, le plus souvent, il ne s'agit pas de pères brutaux ou violents tel qu'il en existe, mais de pères présents et revendiquant cette présence auprès de leurs enfants. Il y a chez ces femmes une sorte de dépit confinant au complexe de *Médée*. Médée, on le sait, est cette figure de l'Antiquité qui tua ses deux enfants pour se venger de l'infidélité de Jason, son époux.

> J'ai suivi, il n'y a pas si longtemps, une famille nombreuse comprenant une série de six garçons se suivant de peu. Le père était quelqu'un de timide et modeste, présenté par sa femme comme une sorte de dieu. Un jour, il est parti brusquement. À partir de ce jour-là, la mère n'a eu de cesse de placer *tous* ses enfants les uns après les autres, alors qu'elle devenait militante politique.

Si l'ambiance culturelle et l'opinion médiatisée d'une époque ont, comme je le pense, une influence sur l'expression sous toutes ses formes de l'inconscient des citoyens, on peut se demander dans quelle mesure le déclin du pouvoir paternel, conjugué aux demandes d'intervention qu'on leur adresse et les nécessités de l'éducation n'entraînent pas chez eux une impuissance forcée. Il n'est pas impossible non plus que cette impuissance entraîne une certaine violence. Et cette violence manifeste, comme c'est souvent le cas, n'est que la réaction à la violence sournoise qui leur est faite.

## *L'autorité et la structure familiale*

Malgré les progrès de la science et ceux de la législation sur l'adoption (aux États-Unis par exemple), il reste souhaitable qu'un enfant soit élevé par un père et une mère. Pas forcément *son* père et *sa* mère, mais par deux personnes dont l'entente n'est pas systématique et dont le caractère sinon le tempérament sont suffisamment distincts. Pourquoi ? Tous les parents élevant seul leur enfant pourraient le dire. Ce n'est pas seulement une question matérielle, parce que le problème de la garde de l'enfant jeune ou celui de la présence auprès d'un (e) adolescent (e) se pose autant pour un père ou une mère seuls qui travaillent. Le père seul palliera cependant l'absence de présence féminine par l'appel à une baby-sitter, la mère seule tentera de compenser l'absence du père grâce à un répétiteur. Ces exemples, certes simplistes, trouvent dans la réalité d'innombrables variantes. Ils montrent que le parent seul voit bien qu'il a besoin pour éduquer son enfant d'une autre présence que la sienne : il se sent en effet rapidement accaparé par les exigences de l'enfant et perçoit que cette relation exclusive n'est pas saine. J'ai parlé d'exigence, et c'est vrai qu'un enfant, surtout s'il est unique, va déployer des besoins affectifs que le parent ne peut lui refuser. Par la suite, l'enfant qui grandit et devient adolescent essaie dans le meilleur des cas de se dégager de cette relation trop forte.

> *Jules* a 12 ans ; sa mère institutrice l'a élevé seule. Le père, militaire, s'est remarié et vit loin. Il ne se reconnaît plus dans ce garçon qu'il trouve trop gâté par rapport à ses nouveaux enfants. Jules se comporte avec sa mère comme un « petit mari ». Il la défend, lui fait des surprises mais ne comprend pas que celle-ci lui reproche ses mauvaises notes. Quand des amis de sa mère restent à la maison, il change de comportement, redevient un garçon de son âge et est prêt à imiter l'adulte qui aime sa mère.

Les problèmes de discipline qui se posent souvent dans ces familles monoparentales me semblent découler des problèmes affectifs dont j'ai dit l'intensité. Dans cet exemple où l'enfant grandit avec une mère excellente, on voit comment la présence masculine soulage le fils – et sans doute la mère – d'un lien devenu contraignant. Ce lien a d'ailleurs cette particularité qu'on ne sait plus qui l'a fait naître, qui demande le plus à l'autre, qui a le plus besoin d'affection : on a affaire à une véritable relation de couple. Et quelles que soient les connotations de ce terme, même quand le parent en a conscience, les deux protagonistes ont du mal à sortir de ce schéma induit par la vie commune.

Cet exemple de famille monoparentale nous aidera à comprendre ce qui se passe dans une famille normale ou recomposée. Eh bien, il se passe la même chose ! À cette différence près que la présence masculine ou féminine est *incarnée* par une personne bien réelle. Cette incarnation n'est parfois pas à la mesure de l'idéal attendu et c'est pourquoi elle est souvent – dans les familles recomposées par exemple – source de conflit. C'est la rançon d'une attente avec ce qu'elle comporte d'imaginaire, et ce conflit lui-même prouve *a contrario* le besoin chez l'enfant du couple des parents. Or, ce couple doit être un véritable couple dans l'intérêt même de l'enfant. Rien de pire pour l'enfant qui vient d'hériter d'un beau-père auquel la mère interdit toute autorité, sous prétexte que « ce n'est pas son vrai père ». De la même façon, dans une famille où l'aîné seul était adopté, j'ai vu cet enfant souffrir de ce que son père ne le grondait pas comme les autres : il a arrêté de faire toutes ses bêtises quand le père (dont il avait le nom !) en a pris conscience. Dans une famille normale, on l'a vu, le désaveu de la parole du père par la mère est d'autant plus grave que ce désaveu n'est pas reconnu : mieux vaut encore le conflit entre les parents dans ce cas-là, pour que l'enfant puisse se repérer. Dans certaines familles en effet, les deux parents « font bloc » pour opposer à l'enfant une autorité qu'ils croient sans faille. L'enfant ressent au contraire ce bloc comme un mur et l'impossibilité d'obtenir une quelconque satisfaction. Non ! Pour que l'autorité des parents soit efficace, il faut qu'elle ne soit ni systématique ni superficielle.

## *Doit-on alors parler de hiérarchie ?*

L'autorité sans faille du père quel qu'il soit, qu'ont connue certains de mes lecteurs, est-elle meilleure que le pouvoir absolu de la mère sur son mari comme sur ses enfants ? Nous touchons là une articulation entre les domaines culturel et psychologique. Une société patriarcale (le premier cas) présentait certaines commodités : la présence discontinue du père, l'affection compensatoire de la mère formaient un modèle conforme au complexe d'Œdipe et à une certaine normalisation. Dans le second cas au contraire, on a du mal à imaginer en cette fin du XXe siècle – et pour reprendre le schéma « œdipien » – que le fils ait envie de ressembler à un père soumis et que la fille puisse désirer avoir un enfant d'un tel père ! En fait, on le sent bien, ce qui compte pour un enfant, c'est que ses parents forment un couple *complémentaire* et que l'un des parents considère comme valable l'avis de l'autre. Et s'il arrive qu'une mère soit choquée par l'intervention trop abrupte du père, trouvant qu'il a été trop autoritaire et répressif, mieux vaut tout de même pour l'enfant que sa mère paraisse cautionner une loi un peu arbitraire que de l'entendre disqualifier l'autorité de son père.

Par ailleurs, cette complémentarité s'équilibre en général quand la famille comprend garçons et filles, l'entente mère-fille ou père-fils contrebalançant le penchant pour le parent de sexe opposé.

On a tendance à oublier que le pouvoir de la mère sur son enfant nouveau-né est un pouvoir absolu. C'est une réalité, et cette réalité est même le modèle de la relation fusionnelle. Certes, cette relation évolue et même au tout début de la vie du nourrisson, l'immense majorité des mères ne se referme pas sur cette symbiose et s'appuie sur la présence du père. Mais pour l'inconscient ce modèle reste présent dans la mémoire archaïque où il constitue le noyau de certains troubles graves. Cette réalité ne doit pas pour autant culpabiliser les mères qui me lisent : ce ne sont pas elles qui sont concernées par ce type de relation ! Mais il faut avoir conscience de ce passé pour mieux comprendre les dangers de toute relation fusionnelle.

**La solidarité parentale ?**

La solidarité a des limites : celles du bien de l'enfant. En dehors de ces cas extrêmes où l'entente parentale se bâtit sur le dos de l'enfant, il importe qu'il vous sente solidaire, même si vous avez été vif. Papa ne doit pas critiquer maman, et vice-versa en sa présence. C'est un signe de bonne entente dont l'enfant a besoin.

# IV

## L'art et la manière d'interdire

Nous vivons une époque qui, comme toutes les époques, tente de corriger les erreurs de la précédente. De plus, chaque génération renouvelle ce redressement des erreurs éducatives dont elle a souffert. Malheureusement, cette correction ou ces tentatives ne font que produire un mouvement de bascule caricatural, comme l'a fait par exemple la génération qui a suivi celle de Mai 68. C'est que ces tentatives de correction ne sont que des réactions, car elles ne tiennent pas compte de l'inconscient. Et ces réactions produisent les mêmes exagérations que celles qu'elles visent à corriger. Ainsi par exemple, *l'autoritarisme* a-t-il engendré le *laxisme*. L'autoritarisme, soit une autorité qui par définition *ne se discute pas*, suscite chez les parents qui l'ont subi un laxisme sans *interdits* dont les effets sont encore plus pernicieux. Ces comportements sont nocifs tous les deux parce que ce sont des actions non expliquées. Le premier parce qu'il substitue à la parole « la main leste » qui, comme le dit l'expression, dresse l'enfant comme un petit animal. Le second parce qu'à l'opposé, il prétend ne rien opposer à l'enfant et le laisse en fait esclave de ses envies. À l'opposé de ces comportements, l'interdit est un acte authentique qui commence à prendre sens dès que l'enfant marche et explore le monde extérieur. Il protège l'enfant des dangers que celui-ci ne connaît pas encore. Et à ce titre, il n'a guère besoin d'être élaboré quand il s'agit d'éviter les dangers des prises de courant, des plaques de la cuisinière, de la fenêtre ouverte ou des gonds de porte. Dans ces cas, les explications sont succinctes et l'apprentissage élémentaire. Même s'il faut expliquer, les explications sont secondes et les mots démontrent leurs limites. Mais ici encore, il faut accompagner ces actes de paroles, sans quoi l'enfant ne prendra pas à son compte la défense qui lui est faite.

## *Des paroles et des actes*

Paroles et actes doivent inlassablement se compléter dans toute éducation. Des actes seuls créent chez l'enfant des interrogations muettes et le rendent pour le moins passif. Des discours non suivis d'actes pervertissent littéralement la parole et aboutissent à une véritable surdité psychologique chez l'enfant qui assimile les paroles des adultes à du vent. Or, **l'enfant a besoin d'éprouver constamment la réalité de ce qu'on lui apprend : il lui faut des preuves autant que des limites.** Il a besoin de tester si ce que lui disent les adultes est vrai, et c'est bien ce que craignent à juste titre les parents. Or, si l'enfant croit comprendre que l'adulte lui ment, quelle valeur accordera-t-il à telle mise en garde ? C'est pour cette raison essentiellement que le mensonge de l'adulte a sur un enfant un effet absolument contraire au résultat escompté et qu'il apparaît comme une manœuvre qui vise à le tromper. En réalité, le problème (et le seul qui se pose), c'est celui de savoir comment, dans quels termes se faire comprendre d'un enfant. Car les enfants comprennent beaucoup plus de choses que ne l'imaginent les adultes. Simplement, ceux-ci ont du mal à trouver les mots pour leur expliquer. Il faut dire aussi que les adultes sont gênés à l'idée de troubler l'âme enfantine. Ils le sont d'autant plus que les enfants sont parfois confrontés à la promiscuité de la vie collective.

Voici un exemple de ce genre de discours entre adulte et enfant et de la manière dont il peut s'interpréter, se dire dans la langue de l'enfant.

> *Cédric*, 3 ans, est amené en urgence à la consultation de pédiatrie pour une insomnie rebelle qui prend des proportions inquiétantes. Le pédiatre confie le jour même la famille au psychanalyste consultant à qui les parents racontent, très inquiets, comment à leur avis, tout a commencé. D'après eux, Cédric les a surpris au cours d'un rapport sexuel et c'est depuis cet événement qu'il ne dort plus. Le psychanalyste traduit alors dans la langue de l'enfant ce que lui ont raconté ses parents ; et à la stupéfaction de tous, Cédric s'endort aussitôt dans leurs bras !

### *Les difficultés à se faire obéir*

Plusieurs raisons expliquent la difficulté pour les parents de se faire comprendre, donc obéir, des enfants.

Un problème de langage d'abord, on vient de le voir, mais ce problème de langage révèle qu'en fait chacun semble vivre dans son monde et que parler est plus difficile qu'agir. Bien sûr, quand je dis « parler », c'est parler vraiment et non parler comme dans la vie de tous les jours où actes et paroles sont noyés dans les habitudes.

La seconde raison est due aux *divergences* éducatives des parents. Quand chaque parent a un point de vue qui annule celui de l'autre, cela empêche que des explications claires soient transmises à l'enfant.

> *Franck*, beau petit garçon de 7 ans et demi, est le dernier d'une fratrie comprenant deux sœurs, l'une de 20 ans née d'un premier mariage du père, l'autre de 11 ans. La maman, assistante maternelle, ne se rend pas compte qu'elle le surprotège mais admet qu'elle l'adore. Il a eu quelques difficultés de prononciation, mais actuellement se débrouille bien à l'école malgré une lenteur certaine. Le père se plaint que sa femme « lui cède tous ses caprices », qu'elle s'occupe de ses devoirs du matin au soir. Il le trouve peu bagarreur pour un garçon et particulièrement affectueux. Or, Franck dort avec la poupée de sa sœur et le père en est furieux. Interrogé par sa mère, Franck lui répond : « Je ne veux pas quitter ma poupée sinon je fais des cauchemars. Tu as de la chance de dormir avec quelqu'un qui respire ! Je voudrais dormir avec quelqu'un ! »

C'est pour cela que de tels parents ont besoin de voir un psychologue pour leur enfant : celui-ci pourra confronter des points de vue, tous les deux valables, puisqu'ils convergent sur l'enfant !

Enfin, certains parents se sentent confusément coupables de contraindre leur enfant, pensent lui infliger une épreuve. Ils n'assument pas leur autorité. L'enfant ne s'y trompe pas, et n'obéit pas.

### *Dire et non faire*

La difficulté de dire et la tentation pour les parents, surtout quand l'enfant est jeune, de suppléer cette difficulté à l'aide des mains, pas forcément pour punir d'ailleurs, est bien illustrée par l'histoire de Fabrice.

> *Fabrice* est né dans des conditions difficiles. Non souhaité, il a été conçu alors que la mère avait arrêté la pilule pour le traitement d'une maladie grave. En le mettant au monde, elle a fait une crise d'éclampsie (hypertension gravidique) dont elle a failli mourir. Pour le père, Fabrice est synonyme d'angoisse. Dès qu'il a su marcher et comme il était extrêmement turbulent, il l'empêchait constamment de se blesser en courant, ou de traverser la route sans regarder. Ce comportement du père, sans doute lié à la culpabilité, a duré au-delà de l'âge normal. Fabrice est donc resté un « casse-cou » et cela n'a pas diminué, bien au contraire, avec l'adolescence. Maintenant rien ne peut l'arrêter et il ne connaît pas de loi. Il est donc très difficile pour le père de rectifier toute une éducation.

L'apprentissage du risque par l'enfant est certainement très difficile pour les parents. Ceux-ci doivent accepter que l'enfant fasse lui-même ses expériences. Cela est valable d'ailleurs dans tous les domaines et l'enfant doit ainsi apprendre la solitude, l'angoisse, la souffrance. Et cela seul, sans eux. Certains parents ne le supportent pas mais, comme pour Fabrice, cela ne rend pas service à l'enfant, car du coup celui-ci n'acquiert pas ou mal les mécanismes qui font que chaque individu trouve en lui-même des défenses complexes contre les risques et aléas de la vie. Cet apprentissage est en fait une « conduite accompagnée », l'enfant peut en parler et ses parents sont là pour l'écouter, mais ils doivent apprendre aux aussi à lui laisser suffisamment d'autonomie. Or, cette autonomie doit être acquise, j'allais dire conquise, par l'enfant : les parents doivent *expliquer*, répéter les risques qu'il prend s'il fait ceci ou cela. L'enfant se rend compte ensuite par lui-même de ce qu'a affirmé l'adulte, ce qui fera pour lui preuve par la réalité. Quand l'enfant met soudain les doigts dans une prise de courant, le premier réflexe des parents est de lui taper sur les doigts. Ensuite, il faut lui expliquer le danger et c'est cette défense, désormais *formulée*, que les parents doivent punir si l'enfant la transgresse. Cela est valable bien sûr pour toutes les activités et il est souhaitable que les risques encourus soient le plus possible à la mesure de ce que peut supporter l'âge de l'enfant. Mais cette méthode peut être étendue à tout ce qui concerne l'éducation.

C'est le cas par exemple de *l'enfant qui mord.* Bien entendu, rien n'est plus mauvais que la mère le morde en retour pour le punir et lui montrer en même temps, pense-t-elle, la gravité de son acte. C'est l'antique loi du Talion : « œil pour œil, dent pour dent », progrès certes par rapport à une vengeance discrétionnaire, mais la loi a tout de même évolué ! Or, si l'on veut que le petit d'homme devienne un être humain, il vaut mieux passer par le langage. Sans langage articulé en effet, nous restons dans un monde animal pourvu d'un certain « langage » rudimentaire et comportemental. En rester à ce langage risque de créer des malentendus – un signe pouvant équivaloir à un autre – et d'aboutir à un véritable dressage qui laisse toute place au non-dit, c'est-à-dire à un sens caché, sous-entendu, qu'il faut deviner. C'est de ce genre de non-dit que se plaignent, à juste titre, les personnes qui réfléchissent à leur enfance et cherchent à comprendre grâce à la psychanalyse, leur passé.

### *Faut-il faire le jeu du masochisme ?*

Le sadisme est ce penchant à la maîtrise qui trouve sa satisfaction dans la domination, voire la souffrance de l'autre. Le masochisme tend au contraire à se faire l'objet de l'autre, quitte à en souffrir. Ces tendances existent de façon plus ou moins forte chez tout individu, et peuvent devenir complémentaires dans certains couples. On ne pense qu'à leur exagération, si bien que même leur côté positif est mal vu. Cela ne les empêche pas d'exister, bien au contraire. On en observe des aspects déformés : certains enfants provoquent les châtiments corporels, cela les déculpabilise, et même un temps provoque un plaisir secret. Des adolescents défient l'autorité ou même leurs camarades, dans le but lui aussi caché de se faire rosser. Il s'agit là d'une satisfaction archaïque, mais présente parfois chez l'adulte. Cela étant, il est normal que l'adulte exerce un ascendant, une maîtrise sur l'enfant qui est rassuré de comprendre que l'adulte est plus fort que lui et que l'on mette une limite à une transgression qui l'angoisse. Ainsi lorsque l'angoisse s'exprime de façon brutale, désordonnée, dans une colère comme emballée, le simple fait de maîtriser l'enfant en lui tenant les mains et en accompagnant ce geste de paroles apaisantes peut le calmer.

Beaucoup d'enfants bien élevés paraissant normaux et heureux de vivre témoignent dans leurs jeux d'un goût immodéré pour la méchanceté et le plaisir de la punition. Dès qu'on leur propose de jouer avec de petits animaux, ils les font se battre entre eux, maltraitent les plus faibles à l'aide des plus forts et semblent se réjouir de tout ce qui arrive. Même chose pour les marionnettes : tous les enfants frémissent d'un plaisir mêlé de peur quand le gendarme rosse Guignol. Mieux encore : quand on propose aux enfants de jouer ce qui se passe à l'école et que l'adulte accepte de prendre la place du petit écolier, il se fait battre copieusement et même «cul nu» – pas «pour de vrai» bien sûr – alors que le maître réel n'oserait pas lever le petit doigt sur ses élèves. Monique, pré-adolescente (chapitre 2), n'a de cesse de recevoir une correction de son père et est manifestement soulagée après.

Comment comprendre tout cela? Commençons par le plus simple : le sentiment d'être coupable. Il ne s'agit pas de culpabilité car la culpabilité est une notion juridique qui a besoin d'être établie par des magistrats pour être ensuite appréciée par un autre magistrat ou par un jury. Dans les procès, la voix du procureur et celle de l'avocat offrent un bel exemple de l'ambivalence qui tourmente chaque individu qui a commis une faute. C'est un peu cela, le sentiment de culpabilité : des voix intérieures plaident pour ou contre soi-même. Or, le sentiment de culpabilité est pénible à supporter, et le châtiment corporel est ce qu'il y a de plus facile à appliquer pour un soulagement immédiat. Comme l'évoquent bien les mots que nous employons, «faire mal» rime avec «se faire mal». D'ailleurs, on retrouve cette analogie dans le comportement de certains enfants ou adultes qui se «punissent eux-mêmes» en se blessant par exemple après une mauvaise action.

Mais si le châtiment corporel est si efficace, c'est aussi parce que le sentiment de culpabilité n'a pas de mesure, ou plutôt qu'il est toujours supérieur à la faute réelle.

> Au cours d'une séance de psychodrame, je joue le rôle d'un enfant avec son maître d'école. Je «fais» une faute dans mon addition (faute : encore un mot chargé de sens!). Aussitôt, le «maître» joué par l'enfant me punit en m'envoyant au coin, bref en m'infligeant une punition disproportionnée.

> Autre exemple. Quand des adolescents ont commis un forfait qu'il s'agit de réparer et qu'on leur demande quelle punition celui-ci mérite à leur avis, on est toujours frappé par le fait que cette punition est toujours beaucoup plus importante que celle à laquelle on pensait.

Certains enfants semblent même rechercher la punition, mais il est difficile à ce moment-là de faire la part de la participation de l'adulte.

*Claude* a de grosses difficultés en orthographe. Il est très intelligent et vit dans un milieu favorisé. Son père n'a pas connu son propre père. Il est en fait enfant naturel et sa mère lui a toujours caché son origine jusqu'au jour où son géniteur, le rencontrant dans la ville, lui a déclaré : « Tu sais, je suis ton père ! » Le père de Claude en a honte et prétend que son père est mort. Depuis tout petit, Claude a des problèmes de lenteur. Il est lent pour écrire certes, mais aussi pour s'habiller, pour manger, etc. Avec son père, qu'il imite, il est dans une relation d'opposition souriante mais féroce. Celui-ci s'en irrite et parfois le frappe si fort que la mère parle de mauvais traitements. De plus, Claude est très maniaque. Dès qu'il a pu s'exprimer, il ne supportait pas d'être sale et sa mère lui changeait ses couches jusqu'à quarante fois par jour ! Il a été mis sur le pot beaucoup trop tôt, avant qu'il ne marche. Actuellement, c'est la lenteur qui énerve le plus son père qui le traite de « plat de nouilles », mais se sent coupable de sa violence. La mère de Claude, qui semble le protéger constamment de cette violence, n'est pas en reste elle non plus. L'autre jour, elle a décidé de le frapper sur les mollets avec une badine. Et c'est avec la complicité de l'enfant qu'elle donne des coups de plus en plus forts, comptabilisés à la demande !

L'histoire de chacun de ces parents explique leurs difficultés à imposer des règles à leur enfant : ils sont ou bien trop laxistes ou trop violents. Mais l'enfant réagit lui aussi à ce système. Seulement, la façon insidieuse dont il s'oppose à son père se retourne contre lui. Et c'est le cercle vicieux de l'agressivité et de la culpabilité. Or, derrière leur comportement, les parents sont en fait chaleureux mais incapables de le manifester. C'est pour cela que le fait de les écouter, d'être le témoin si possible impartial de la vie familiale, les aidera eux et leur fils Claude – qui est pris en psychodrame individuel – à traduire leur comportement dans des mots, des paroles qui auront valeur d'échange. Et cet échange langagier sera estimé progressivement par tous les partenaires supérieur à l'échange antérieur. Celui-ci, en effet, se limitait à des messages chargés d'affectivité mais muets.

> Le père par exemple est un homme élevé par une mère seule qu'il décrit comme exigeante et autoritaire. Comme cela se produit parfois dans cette situation, il aurait pu avoir du mal à se viriliser. Au contraire, il est devenu très masculin et même « macho ». Par contre, il ne supporte pas de voir son fils gâté par sa mère. Sans doute craint-il que cela entraîne chez lui une certaine féminisation puisqu'il dit quand il est en colère : « il faut que je me mette dans l'idée que Claude est une fille. » Et bien qu'il lui soit très attaché, il n'ose pas lui montrer son affection et le prendre sur ses genoux, par exemple.

Tous contribuaient à ce climat réactionnel : la mère, en ayant du mal à lui parler, et Claude lui-même par sa lenteur, seul moyen pour lui d'exprimer son agressivité car les mots lui faisaient défaut. C'est le manque de mots, le manque de paroles qui induit fatalement l'intervention de la force physique. Aussi faut-il avoir envie de lever cette fatalité pour communiquer autrement.

## *Qui est puni ?*

Ce qui pousse l'enfant à la faute, c'est le plus souvent l'angoisse des parents. Cette angoisse les aveugle ; ils ont peur que l'enfant n'apprenne pas en classe, qu'il soit mal élevé, qu'il ne trouve pas de travail plus tard. Ils ne se rendent pas compte que cette angoisse, qui est contagieuse, va bloquer l'enfant et avoir l'effet contraire à celui escompté. Ayant donc atteint leurs limites, ils ne peuvent que forcer les choses, obliger l'enfant par les menaces, les punitions ou les coups, voire même par la ruse.

> Comme les parents de Claude s'étaient aperçus que leur garçon faisait systématiquement le contraire de ce qu'on lui disait, ils avaient pris le parti (risqué) de lui ordonner le contraire de ce qu'ils voulaient qu'il fasse. Par exemple, ils lui disaient : « ne mange pas ça ! »… pour qu'il le mange.

Pourtant, si l'enfant, en général, a une tendance presque naturelle à désobéir, ne serait-ce que « pour voir », il a aussi une tendance tout aussi naturelle à obéir et à chercher à se conformer à ce que souhaitent les adultes. Parfois même, l'enfant s'interdit à lui-même beaucoup plus de choses que ne le font les parents et ce comportement les inquiète à juste titre.

> *Alexandre* est l'aîné de trois garçons. Il est assez petit de taille et ses parents l'ont fait suivre en pédiatrie. Il est charmant mais très renfermé et très timide. Lui aussi est lent, a du mal à s'endormir le soir et à se réveiller le matin. À l'école, on s'est aperçu qu'il se faisait embêter par ses camarades mais n'avait pas osé le dire. Dès que ses parents sont intervenus, tout a cessé. Il ne se sent pas triste mais en a l'air. Il est perfectionniste, méticuleux. Surtout, il considère qu'il est de son devoir de donner l'exemple à ses frères. Considéré comme modèle par ses parents, il en assume le rôle au-delà de leurs espérances. Certes, il ne dénonce pas ses frères quand ils font des bêtises, mais en souffre personnellement et essaie de les raisonner. Quand on lui donne de l'argent de poche, il a le souci de ne pas tout dépenser, même s'il le peut théoriquement. Bref, comme le dit l'expression, il est « plus royaliste que le roi » et les parents, amusés au début, se demandent ce qu'il faut faire.

Dans ce cas, l'interdit est allé au-delà de son objectif. L'enfant est bien plus sévère avec lui-même que ne le sont les parents. Cette conduite traduit un début d'organisation pathologique de la personnalité. Cela peut être réversible si l'on s'en occupe à temps et Alexandre a pu retrouver assez rapidement une attitude plus normale pour un enfant de son âge. Mais il est intéressant de constater que ce type d'attitude ne se voit pas spécialement chez les parents sévères. Bien au contraire, et cela devrait faire réfléchir : souvent, en effet, **quand les parents ne sont pas assez sévères, l'enfant se punit lui-même.** Plus exactement, c'est surtout quand les parents sont en admiration devant l'enfant, souvent préféré par la maman d'ailleurs, que celui-ci se gendarme lui-même en quelque sorte. On a l'impression que l'enfant réinvente le rôle du père, rôle qu'il remplit pour lui comme pour les autres.

### *Pourquoi les parents ont-ils du mal à interdire et à punir ?*

Comment punir quand l'interdit est franchi ? Comment interdire si l'enfant n'en a pas besoin ? Tout est affaire de mesure. Actuellement, on voit peu d'enfant dont les parents sont trop sévères et, comme on le sait, les parents maltraitants ne consultent guère. En revanche, nous vivons une période où tout est centré sur l'enfant, son bien-être physique et moral, son avenir aussi et le chômage que l'on redoute. Or, l'enfant a besoin non seulement d'interdit mais aussi de châtiment. D'ailleurs, l'un ne va pas sans l'autre et le châtiment découle de l'interdit. J'ai l'habitude de dire que toute éducation est fondée sur le chantage : si tu ne fais pas ceci, tu n'auras pas cela. Mais aussi, et surtout, sur le chantage affectif : si tu ne m'obéis pas, tu risques (c'est implicite) de perdre mon affection. C'est essentiellement pour cette raison que l'enfant a le désir d'obéir et même de devancer les ordres de ses parents et cela jusqu'au moment où l'adolescence le contraint à changer sa manière de voir. Les enfants ont même tellement besoin et envie d'obéir qu'on se demande bien pourquoi on ne répond pas plus à ce besoin !

En fait, l'explication est relativement simple. En interdisant, et a fortiori en punissant, le parent risque et parfois craint ou redoute que l'enfant ne l'aime plus, lui, parent. Ainsi peut-on dire que celui qui interdit à l'autre, s'interdit également quelque chose à lui-même. On comprend mieux dès lors pourquoi certains parents ont tant de mal à sévir. C'est qu'ils redoutent en fait pour eux-mêmes les effets de la punition qui devient leur punition.

> *M. X...* vient de quitter le domicile conjugal après une longue période de dépression et de mutisme. En fait, tout se passe comme s'il n'était pas parti puisqu'il vient dîner tous les soirs et que le plus petit des deux garçons, *Romain*, 4 ans et demi, n'est pas informé de ce départ. Romain est agressif avec sa mère, la bat et fait le bébé. Le père pleure quand il parle de ses enfants. Il me dit qu'il « a peur d'être rejeté par Romain » parce qu'il s'est moins occupé de lui que de l'aîné.

Mais les parents ne redoutent pas seulement la perte d'amour de la part de l'enfant. Ils craignent aussi de quitter le piédestal sur lequel les a placés l'enfant et de paraître quelconques à leurs yeux. Ils appréhendent surtout l'idée de ne plus être de « bons » parents et que leurs enfants puissent leur reprocher cela plus tard, comme ils le reprochent eux-mêmes à leurs propres parents.

L'enfant a besoin de parents directifs. Cela l'angoisse d'avoir le choix. Qu'il s'agisse de celui entre les pâtes ou la purée ou entre faire ou ne pas faire une activité. Aucun enfant ne reproche jamais à ses parents de lui avoir fait apprendre la musique, même s'il n'a pas toujours été chaud. Jusqu'à un certain âge, l'enfant a besoin que l'on décide pour lui.

### *L'exemple de Gandhi*

En modifiant ou en croyant modifier l'éducation qu'ils ont reçue, les parents ne se rendent pas compte de deux phénomènes. D'abord le fait qu'ils tentent de réparer les effets de cette éducation qui les concerne eux-mêmes beaucoup plus que leur enfant. Mais aussi qu'ils produisent malgré eux des effets inverses non moins nocifs.

> Le père de *Livio* est un monsieur débonnaire et doux qui exerce un métier traditionnellement répressif. Lui-même est dénué de toute agressivité. Quand il parle de son père, c'est pour dire qu'il n'était pas question de contester le moins du monde son autorité mais qu'il l'admirait profondément. Il en parle avec émotion. Or, quand *Livio* lui tient tête du haut de ses trois ans et le nargue expressément, il croit revoir… son propre père et il est à la fois totalement désarmé, mais aussi admiratif devant un tel cran. Le cran qu'il n'a pas pu avoir lui-même. Sa femme, elle aussi extrêmement compréhensive, trouve tout de même qu'il exagère.

Le père d'*Antoine* (chapitre 3), lui aussi, a beaucoup de mal à se faire respecter. Pourtant, son fils fait constamment des caprices, puis des câlins. Il l'oblige à élever la voix alors que cet homme se dit « non partisan des fessées ». Il se reconnaît dans ce fils et pourtant son éducation a été très différente : sa mère par exemple lui faisait des repas pour lui tout seul (ils étaient six). Son père en revanche était sévère, mais il avait horreur des conflits et des affrontements. Alors, il expliquait à longueur de temps, et quand son fils – le père d'Antoine – était en colère, il lui donnait des vieux dictionnaires à déchirer ! Un jour qu'il avait failli étrangler un petit camarade qui le narguait, son père ne l'a pas puni mais l'a obligé à aller s'excuser.

Les fessées seules ne suffisent pas, mais on comprend aussi, grâce à ce dernier cas, comment les mots seuls, sans contrepartie répressive, peuvent avoir un effet pernicieux et ne pas suffire à interdire. L'agressivité du père d'Antoine n'a pas d'autre sens pour son père que celui d'un comportement animal : on le fait se calmer avec ses dictionnaires, comme on lui donnerait un médicament. Pourtant, cette agressivité normale doit pouvoir tourner contre quelqu'un, quelqu'un qui la reconnaisse, l'accepte et la canalise. Cette transformation ne peut se faire que si cela passe par la personne du père, qui prend cette agressivité à son compte en interdisant par exemple à son fiston d'être le chouchou de sa mère ! On a peur de nos jours de ce qu'on appelle la frustration, mais on ne se rend pas compte que la frustration est la fille des gratifications, et en particulier des libéralités maternelles. Car ces libéralités ne peuvent être continuelles : elles doivent cesser à un moment donné. Or, si personne – je pense au père – n'est intervenu auparavant pour y mettre des limites, c'est la mère elle-même qui sera obligée de le faire. Et c'est cela qui est mal vécu par l'enfant : le fait que la personne qui donne soit aussi celle qui refuse. C'est cela qui définit la frustration à laquelle l'enfant réagit par des pleurs, des colères ou même de véritables violences.

La mère aussi doit accepter de ne pas être aimée, mais avec deux différences. En fait, si elle accepte l'intervention d'un tiers, elle restera la personne aimée, tandis que l'agressivité pourra être dirigée sur le tiers interdicteur. Les rôles parentaux ne sont pas interchangeables et on peut voir dans cette asymétrie des avantages non négligeables. Ensuite, on peut pousser encore plus loin cette asymétrie. Car en fait, si la mère se tourne vers le père, ce n'est pas pour ne plus aimer l'enfant, c'est parce qu'elle a besoin de son mari, ce qui est très différent et ce qui soulage l'enfant. Toute relation forte, passionnelle est contraignante et peut même susciter des moments d'hostilité quand on se sent pris par la dépendance. Toutes proportions gardées, c'est un peu ce qui risque d'arriver à l'enfant soumis à une affection trop pesante de l'un des parents.

L'important pour le père comme pour la mère, c'est la conviction qu'agir ainsi, c'est le bien de l'enfant. Cette conviction est d'autant plus évidente qu'ils ont entre eux une relation de confiance suffisamment forte, bref qu'ils s'aiment réellement. L'enfant est rassuré par cette entente, même si d'une certaine façon – et qu'on me pardonne l'expression – celle-ci se fait sur son dos. Lui aussi doit être convaincu que les décisions prises ne le sont pas contre lui mais pour lui. Que faire, me direz-vous, si cette conviction n'existe pas ? Soit l'interdit est injuste, soit l'enfant n'est pas capable de l'entendre. Dans ce dernier cas, c'est au parent d'expliquer ses raisons, voire de montrer ses propres limites et ce qu'il ne peut accepter de son enfant. C'est ce qui est arrivé au Mahatma Gandhi* quand il vivait en communauté en Afrique du Sud. Deux des pensionnaires venaient de commettre « une faute grave contre la morale ». Il ne dit pas laquelle. Il quitte immédiatement son travail et se rend en train sur les lieux. Pendant le trajet, il estime que c'est à lui qu'incombe la responsabilité de cet acte, car les coupables n'ont aucune conscience de sa gravité. Il décide donc de s'imposer à lui-même la pénitence et de se soumettre à un jeûne de sept jours, suivi d'une limitation à un repas par jour pendant quatre mois et demi ! Cette décision, ajoute-t-il, « affligea mon entourage mais l'atmosphère s'en trouva assainie et chacun put prendre conscience de la gravité du péché ».

Cette leçon est intéressante à plus d'un titre, et je laisserai Gandhi conclure. Il pense en effet qu'il est impossible d'imposer à un autre ce qu'on est incapable de respecter soi-même. Ou encore qu'on ne peut initier un autre à se dominer si on n'en est pas capable soi-même.

---

*Gandhi, *Tous les hommes sont frères,* Folio Essais, p. 70.

## Faut-il négocier ?

Oui, éventuellement, mais jusqu'à un certain point. Ce n'est pas à l'enfant de mener la négociation et de prendre le parent en otage. Il faut savoir arrêter la négociation.

Si l'adulte est sûr de lui, l'enfant arrêtera vite, sentant qu'il n'y a pas grand chose à obtenir. Si en revanche, il sent l'adulte douter, il sera tenté d'élargir la brèche.

## Faut-il expliquer ses interdits ?

Oui, mais des explications ne doivent pas être des justifications sans fin. Parfois il n'y a rien à expliquer. Et un enfant saura toujours mettre le doigt sur les contradictions logiques de ses parents. Cela prouve peut-être son astuce, mais ne légitime en aucun cas que l'on s'incline.

## Comment sanctionner ?

Comme on peut, mais intelligemment si possible. Par exemple, lui faire *réparer* une bêtise (nettoyer, rembourser, faire une tâche d'intérêt familial), ou encore le rendre responsable en le faisant choisir entre privation de sortie ou de télé.

*Éviter l'humiliation* de la réprimande et de la sanction publiques. C'est une affaire entre l'enfant et l'adulte. Point n'est besoin de prendre des tiers, enfants ou adultes, à témoin.

Quant aux *châtiments corporels*, ce n'est évidemment pas la solution. Il est clair qu'il est préférable de passer par la parole et de trouver une sanction qui ait du sens. Mais mieux vaut encore une gifle partie parfois un peu vite qu'une absence de réaction préjudiciable. Une main leste qui a marqué que la limite était atteinte n'est pas un mauvais traitement. Ce qui en revanche est hautement toxique, c'est la mise en scène du châtiment corporel.

Enfin, *appliquer la sanction prévue*. Si elle est levée, cela doit être accompagné d'une explication. Car ne pas mettre en œuvre ce que l'on a annoncé, revient à se discréditer soi-même pour les prochaines fois.

## Jusqu'où assumer les effets des punitions ?

Il arrive que l'enfant puni fasse une colère, hurle, claque la porte (cela varie selon l'âge). Ces manifestations parfois impressionnantes visent à vous culpabiliser, surtout si votre réaction était vive. Il faut savoir assumer et garder votre calme d'autant plus que vous avez le sentiment d'avoir été juste.

## Peut-on revenir sur un refus ?

Dans certains cas, à la réflexion on remet en cause un refus. Revenir sur la décision peut être pertinent car une trop grande rigidité nuit, mais il faut expliquer ce changement : tout le monde peut se tromper, et évoluer est un signe d'ouverture. Revenir sur un refus en donnant simplement l'impression qu'on a changé d'avis, peut laisser croire à l'enfant que les parents ont cédé à l'usure, que le « non » est élastique, et l'encourager à discuter toutes les décisions.

# V

# Et la sexualité ?

Un chapitre sur la sexualité peut paraître paradoxal dans un livre consacré aux difficultés pour les parents de dire non à l'enfant. Quelles que soient les retombées de la révolution freudienne, l'enfant, en effet, n'a pas de sexualité adulte, et à l'adolescence, on voit mal ce qu'il faut interdire depuis l'apparition des moyens anticonceptionnels et les campagnes liées au sida. Pourtant, la sexualité infantile était reconnue avant Freud, et même sous sa houlette la masturbation était en général considérée comme nocive. Je ne vais pas faire ici l'historique de la répression sexuelle qui a marqué le XIXe siècle. Mais cette répression a entraîné par contrecoup de curieux comportements chez les parents actuels, comme si la sexualité même infantile n'était pas, *elle aussi*, soumise non à la répression mais à l'interdit. C'est cette nuance que je voudrais faire partager à mes lecteurs, car elle est essentielle.

## *Les parents actuels*

Certes, le temps n'est pas si loin où le comportement

des parents par rapport à la masturbation relevait de l'obsession maladive. J'ai encore à l'oreille des témoignages qui font maintenant rire : tels parents, par exemple, mettaient le soir de grosses moufles à leur garçon avec l'obligation de garder les mains au-dessus des draps. D'autres attachaient carrément le soir les poignets de l'enfant aux montants du lit et le comble, c'est que celui-ci tendait docilement les mains. La menace de castration n'est pas non plus si éloignée dans la mémoire collective. Certaines mères brandissaient le couteau à pain comme menace aux « mauvaises habitudes », d'autres, plus évoluées, invoquaient le médecin ou le chirurgien. L'abandon de ces habitudes n'a d'ailleurs curieusement pas atténué dans l'inconscient la crainte de cette menace. Il faut croire qu'elle y joue un rôle organisateur puisque, par ailleurs, le succédané qu'en représente la circoncision, est une pratique rituelle, religieuse ou culturelle, bien ancrée chez certains peuples.

On peut bien entendu se demander quelles craintes pourraient être conjurées par cette menace et cette répression. En effet, si l'onanisme – comme on le disait – était jugé responsable de quantité de maladies dont la liste figurait dans des ouvrages scientifiques, il était aussi, pensait-on, à l'origine des maladies mentales les plus graves. Mais derrière ces craintes, si je puis dire, d'autres persistent et qui sont liées à la sexualité elle-même. Comme l'indique une expression synonyme, la masturbation est une pratique solitaire qui élimine temporairement le besoin de l'autre. Il y a là pour les parents un danger imaginaire non négligeable. Et il est vrai, cause pour les uns, conséquence pour les autres, que cette pratique accompagne certaines détresses.

Mais il y a plus. Si de nos jours la sexualité infantile a droit à la reconnaissance, si on ne nie plus l'existence des zones érogènes, le lien de cette « sexualité » rudimentaire et partielle avec la vie psychique de l'enfant reste difficilement acceptable pour les parents. Même s'ils sont « ouverts » et instruits, même s'ils connaissent et reconnaissent l'existence des stades oral, anal ou génital, ils ont du mal à voir dans ces manifestations du nourrisson ou de l'enfant un plaisir intentionnel. Non seulement on les comprend, mais encore cela vaut mieux ainsi. D'abord parce que la vie psychique de l'enfant lui appartient, ensuite parce que cette vie psychique est inconsciente et doit être protégée contre toute intrusion de la part de l'adulte. La vulgarisation de concepts psy a malheureusement souvent pour effet de permettre aux parents d'empiéter sur le jardin secret de l'enfant dont les propos ou comportements prêtent à interprétations sauvages. On parle beaucoup de nos jours de sévices sexuels, de mauvais traitements physiques, mais les dires ravageurs sont aussi graves. Or, ils sont jumeaux et les sévices sexuels s'entourent constamment d'un non-dit, d'un silence qui s'apparentent à ces ravages verbaux. Pour toutes ces raisons et d'autres encore, quand les parents d'enfants sont eux-mêmes psychanalystes, dès qu'ils perçoivent une certaine souffrance dans les paroles de leur enfant, ils le confient à un collègue. Cela leur permet, à eux, de continuer leur tâche éducative qui consiste essentiellement à donner à l'enfant l'envie de faire des progrès, c'est-à-dire d'abandonner des plaisirs infantiles régressifs pour des plaisirs intellectuels et affectifs jugés supérieurs à ceux-là.

### *Des câlins*

Françoise Dolto a dit, à juste titre, que toute progression chez l'enfant, tout accès à un stade supérieur est le fruit d'un interdit (c'est comme cela que je traduis son expression de « castration symboligène »). Car l'enfant, sujet lui aussi au plaisir, peut être lui aussi envahi par des sensations qu'il ne peut maîtriser. C'est à l'adulte de l'accompagner en mettant des limites au bon moment. Prenons un exemple simple, celui des câlins. Il n'est bon ni de les prolonger trop tard, ni de les arrêter brutalement, ceci étant d'ailleurs lié à cela dans l'exemple qui va suivre :

> *Patrice* continue de grimper sur les genoux de sa mère à 11 ans. Il est très affectueux et a une relation intense avec elle. Un jour, brutalement, celle-ci, prenant sans doute subitement conscience du plaisir sexuel qu'il prend à ces manifestations d'affection, le « dépose » en déclarant : « Maintenant tu es grand, c'est terminé ! » Patrice qui n'avait pas conscience de ce plaisir, ou le croyait « normal », en a été traumatisé pour de longues années sans comprendre pourquoi.

Cet exemple illustre parfaitement ce que j'appelais différence entre répression et interdit. Au contraire de la répression qui interdit brutalement, l'interdit explique avant que les émois prennent les proportions qu'on vient de dire. L'interdit nécessite de la part de l'adulte, d'abord de ne pas avoir peur de la sexualité de l'enfant, ensuite de ne pas non plus la favoriser de façon déplacée. C'est en ce sens que l'interdit (bien nommé) vise autant l'enfant que le parent. Le parent lui aussi, mais sans frustration, doit savoir mettre un terme à des comportements qui sont nécessaires auparavant et même indispensables à toute relation affective, mais qui doivent prendre fin naturellement un jour ou l'autre.

### *La masturbation*

Cette activité peut prendre des formes très différentes. Revenons brièvement sur la « nocivité » de la masturbation. L'auto-érotisme est normal chez l'enfant petit qui découvre son corps et son sexe. On peut simplement lui dire que de la même manière qu'on n'exhibe pas son sexe, on ne le tripote pas devant les autres. Son attention se détourne vers d'autres activités vers 5-6 ans. Si des conséquences éventuelles purement médicales ou psychiatriques ont été éliminées par les progrès scientifiques, il n'en reste pas moins que les maladies mentales, surtout quand elles connaissent (encore de nos jours hélas) les horreurs de l'enfermement et de la promiscuité, s'accompagnent pratiquement toujours chez les enfants et adolescents de conduites masturbatoires dont le caractère régressif et compensatoire apparaîtra immédiatement. Or, ce caractère n'accompagne pas seulement les maladies mentales graves, il s'observe aussi dans des cas où prédomine chez l'enfant le sentiment d'abandon et de solitude, justifié ou non. Voici le cas de Sophie :

*Sophie*, 4 ans et demi, est née d'une union libre après un premier mariage au cours duquel la mère a eu deux filles, âgées de 15 et 13 ans. Sophie a des problèmes de communication avec les autres enfants. Pendant sa grossesse, la mère a fait une dépression car, dit-elle, elle « avait l'impression de l'attendre seule ». À l'accouchement, Sophie a eu des problèmes cardiaques et il a fallu la réanimer, car elle avait une malformation qui s'est réduite naturellement en dix jours. Elle a été alimentée par sonde et n'a reçu son premier biberon qu'à un mois. De trois à six mois, elle ne supportait pas de sortir de la maison et se faisait vomir. Toute petite déjà, elle était sans cesse agitée et se jetait sur les bébés pour leur faire des baisers. Sa mère, toujours déprimée depuis l'accouchement, était sous médicaments et Sophie remuait en permanence. Le papa, bien que divorcé, reste présent et prétend ne pas avoir de problèmes avec elle. Un jour cependant, exaspéré par son instabilité, il l'a menacée de façon effrayante. Il raconte qu'il a rencontré la mère de Sophie alors que lui-même n'allait pas bien et que quand Sophie était encore toute petite, sa femme l'a mis dehors, elle est partie à l'étranger et au retour, la petite ne demandait même plus à manger et se masturbait sans cesse. Cela correspond à une période de refus de nourriture au cours de laquelle il a fallu l'hospitaliser. La masturbation a continué quelque temps mais s'est considérablement atténuée pour disparaître complètement après quelques entretiens : la petite voit une psychologue à laquelle elle s'est beaucoup attachée et elle est en larmes quand il lui faut rater une séance.

Dans ce genre d'auto-érotisme manifestement réparateur et véritable médication, il n'est pas question d'intervenir de façon interdictrice : les entretiens viennent rapidement combler le manque affectif qui peut alors être exprimé et cela amène la disparition d'un comportement inquiétant.

Un médecin scolaire m'appelle un jour en urgence pour me signaler le cas d'une petite fille dont le comportement inquiète et scandalise en même temps l'enseignante. *Sonia*, en effet, se masturbe en classe de façon tellement évidente que les adultes ne savent pas quoi dire et sont gênés par rapport aux autres élèves. L'enseignante de CP a hésité avant d'appeler le médecin scolaire mais maintenant elle n'en peut plus et réclame une mesure d'urgence. Pendant cette consultation, où il a été question de problèmes familiaux, Sonia a pu parler et tout est rentré dans l'ordre, sans même qu'il ait été question une seule fois de sexualité ou de masturbation.

Ce cas est exemplaire, car mieux que dans l'exemple de Sophie, il montre le caractère accessoire et calmant de ce comportement qui peut en revanche nécessiter parfois une attitude plus interventionniste. Dans ce cas, il suffit alors d'expliquer au petit garçon ou à la petite fille qu'elle peut faire ce qu'elle veut avec son corps quand il (elle) est tout(e) seul(e), mais qu'il n'est pas question de faire ça devant tout le monde. Cette attitude de l'adulte ne doit être adopté que quand les autres pistes ont été épuisées.

Cela nous amène à un tout autre type de masturbation qui fait partie d'une conduite globale, exhibitionniste et liée à d'autres problèmes.

> *Vincent*, 14 ans, a une mère alcoolique qui, sortie de cure de désintoxication, a décidé de se séparer de son mari. Il est en pleine complicité avec sa mère, lui raconte toutes ses aventures féminines, ses « joints » et les trafics qui ont lieu autour du collège. Celle-ci s'inquiète quand elle le retrouve l'air vague et les yeux rouges, et elle ne peut s'empêcher de fouiller sa chambre. Bien qu'adepte du dialogue jusqu'à la complicité la plus suspecte, elle est cependant inquiète de cette escalade. Bien entendu, elle s'est rendue compte que Vincent se masturbait énormément, car elle retrouve des tee-shirts imbibés de sperme !

On se trouve dans ce cas devant une complicité mère-fils proche d'une intimité qu'il faut bien qualifier d'incestueuse. Ici l'interdit manque autant à la mère qu'au fils et le père, lointain, semble complètement absent du débat. Aussi faudra-t-il pendant de longues semaines aider cette mère à se libérer de sa complicité affective sans pour autant prendre des mesures brutales. Il faut ajouter cependant que, dans ce cas, l'aide d'une mesure éducative juridique (AEMO) a été bien utile pour poser des limites à ce garçon qui se déscolarisait dangereusement.

Comme on le voit, la masturbation *ostentatoire*, très

différente de la masturbation adolescente ordinaire, est loin d'être un comportement univoque. Selon la façon dont elle se présente, carrément exhibitionniste dans nos exemples, elle appelle de la part de l'adulte des attitudes extrêmement nuancées. Et à ce propos, je suis heureusement frappé par la discrétion des mères qui, de nos jours, et dans le cas délicat où le père est absent par exemple, répugnent à juste titre à aborder ce problème directement avec leur garçon et passent par un tiers.

## *L'enfant, pervers polymorphe ?*

Que veut dire cette expression, entrée pratiquement dans le langage courant depuis que Freud en a parlé ? Non pas que l'enfant soit pervers au sens d'une anomalie caractérielle, mais le fait que l'enfant éprouve des plaisirs corporels multiples qualifiés par Freud de « sexuels » au sens large du terme, mais qui ne sont bien sûr pas encore génitaux. Presque plus personne à notre époque n'est choqué qu'on puisse donner un sens érotique à la succion ou même au fait que l'enfant retienne ses selles, avant même que la puberté ne vienne accorder leur hégémonie normale aux parties génitales. Or, c'est simplement cela qui a été qualifié de « perversion polymorphe » et le succès même de cette expression semble en faire une vérité. Du coup, on a tendance maintenant non seulement à trouver normal ce qui était encore scandaleux il y a cinquante ans, mais on donne à cette sexualité infantile un sens sexuel adulte qu'elle n'a pas.

L'histoire qui suit paraîtra invraisemblable. Si je la raconte cependant, c'est qu'elle éclaire mon propos de manière saisissante et que j'ai pu la vérifier. Je respecterai bien entendu non seulement le secret professionnel mais aussi la discrétion indispensable. *Jean* a 6 ans. Il est au cours préparatoire. Ses parents sont très impliqués dans des mouvements associatifs d'aide humanitaire et sont souvent absents. Jean est le cadet d'une fratrie de cinq, il invite souvent des camarades de classe à dormir chez lui. L'un d'eux s'est plaint récemment qu'il lui réclamait une fellation, et, devant son refus, lui en proposait une. Il n'ont pu, paraît-il, dormir de la nuit. D'autres parents se sont plaints des mêmes faits. Les parents de Jean réagissent en riant : il s'agit d'enfants, disent-ils, et Freud n'a-t-il pas lui-même déclaré l'enfant « pervers polymorphe ». Tout cela n'a guère d'importance selon eux. Ce qu'ils ne savent peut-être pas, c'est que cela se passe chez eux entre les aînés et les petits, et que cette absence totale de prétendue frustration entraîne chez Jean une souffrance qui lui semble infligée sans raison par l'autre, son petit camarade. On redoute le genre de caractère que cela risque d'induire plus tard chez lui, sans parler de perversion ultérieure d'ailleurs peu probable malgré ce contexte.

Cet exemple incroyable appelle un commentaire. L'absence de réaction des parents dans ce cas, loin d'être permissive et déculpabilisante comme ils le pensent, est au contraire source de souffrance chez cet enfant qui n'a pas d'interdits. Cela revient en effet à reconnaître dans ces manifestations sexuelles un caractère adulte qu'elles prennent effectivement parce qu'il n'y a aucune limite posée au plaisir. Cette attitude revient paradoxalement à nier subtilement la notion même de sexualité infantile en transformant un plaisir partiel et ludique au départ en sexualité relationnelle. Or, l'enfant a besoin de cette période protégée qu'est l'enfance pendant laquelle il peut se construire à l'abri des adultes.

> Je me rappellerai toujours cet enfant de 11 ans qui venait d'avoir une première émission nocturne de sperme, laquelle signait son entrée dans la puberté. Comme il avait l'air triste, je lui demandai pourquoi et il me répondit : « J'ai l'impression de ne pas avoir profité suffisamment de mon enfance ! »

**Profiter de son enfance, c'est être épargné par la sexualité adulte** et, avant la puberté, cette protection doit être faite par les parents contre l'extérieur certes, mais aussi d'une certaine façon contre soi-même. Les parents doivent trouver les mots pour expliquer à l'enfant que ce qu'on lui interdit maintenant, il pourra le trouver et le choisir plus tard. Parfois peut-être, les parents dépassés ont du mal à savoir comment réagir devant certains comportements. C'est ce que nous avons vu au chapitre 2, quand Gilles demande à son père l'origine de la loi d'interdiction de l'inceste. Il est vrai que, cette origine étant éminemment culturelle, cette loi paraît à la fois évidente et difficile à expliquer. C'est pourquoi il faut aussi savoir dire à l'enfant qu'il y a des règles qui nous sont imposées par les autres, qui viennent donc de l'extérieur et qu'il nous faut les respecter si nous vivons en société. Parfois aussi peut-on dire à l'enfant que c'est « comme ça et pas autrement ! », qu'il n'y a pas pour l'instant d'explication !

## *L'interdit de l'inceste*

Un exemple montrera peut-être aux parents comment expliquer à un enfant la nécessité de cet interdit. Je tire cet exemple d'un film déjà relativement ancien, mais qui avait fait scandale à l'époque. Il s'agit de *La Luna*, film de Bertolucci (1979).

> Dans ce film, on voit une mère et un fils adolescent vivant une relation dont la proximité est facilitée par l'absence du père. L'adolescent est incontestablement amoureux de cette mère cantatrice séduisante et séductrice. La réalité de l'acte incestueux est présentée de manière habile et paraît vraisemblable. L'adolescent en effet en arrive à se droguer et l'angoisse de la mère culmine dans un moment de « folie », au cours duquel elle masturbe son fils. Or, si le fils n'apparaît pas perturbé par cet acte lui-même, on va voir comment celui-ci va se révèler ravageur. L'adolescent, en effet, acquiert au début une certaine assurance après cet acte. Il jouit du pouvoir qu'il a ainsi conquis apparemment. Si bien que sa mère est amenée à redevenir mère et à lui interdire quelque chose. À ce moment-là, c'est le drame parce qu'il ne supporte pas que son amante soit aussi sa mère !

Ce cas est extrême, mais il montre comment, et cela est

vrai d'une façon générale, la complaisance des parents a toujours des retombées. Il ne faudrait pas croire non plus que cet interdit de l'inceste ne soit transgressé que dans certains cas pathologiques et monstrueux. Certes, dans ses formes patentes, cet interdit est heureusement respecté par l'immense majorité des parents. Néanmoins, sa nécessité se fait parfois sentir dans le comportement quotidien, à travers les règles de la vie commune.

> J'ai connu *Bill* quand il avait 8 ans. Il avait de gros problèmes scolaires en CE2. Il a été conçu par hasard, dit la mère qui, bien que vivant seule, a tout de même tenu à le garder. Le père ne le voit pratiquement jamais, car il a fait de nombreux séjours en prison, mais lui écrit de temps en temps. Bill a un langage très adulte, trouve la maîtresse « débile » et dit que le « directeur de l'école pense qu'il se fout d'eux (sic) mais ce n'est pas vrai ». Il dit qu'il a des problèmes d'inattention et qu'il pense à sa maman. Cette mère qui a fait une dépression et suit une psychothérapie a beaucoup de mal à élever Bill à qui elle se confie comme à un copain. Elle revient consulter quand Bill a 11 ans et se plaint qu'il l'appelle « madame », ce qui la met hors d'elle. Il lui manque de respect depuis que son nouvel ami l'a quittée. Elle lui a tout expliqué de la puberté. Cette fois-ci, Bill me dit toujours sur un ton un peu précieux : « Pourriez-vous faire comprendre à ma mère qu'il ne faut pas qu'elle se promène toute nue devant moi ! »

Il n'est pas rare en effet que ce soit l'enfant lui-même qui formule ce genre d'interdit à ses parents.

> *Manuel* a 9 ans. Ses parents sont très jeunes et le comblent de cadeaux, sans doute pour se déculpabiliser, car ils travaillent énormément et le laissent souvent seul. Il arrive souvent que le père, passionné de football, regarde des matchs à la télévision, dans ce qui est à la fois le salon et leur chambre. La mère de Manuel, ayant sommeil, va du coup se coucher dans la chambre et le lit de Manuel. C'est lui qui au cours d'un psychodrame (et non dans la réalité) interdit à sa « mère », jouée par une psychologue, de venir le rejoindre dans son lit.

Même s'il ne s'agit pas de sexualité génitale mais d'exhibitionnisme, l'enfant perçoit parfois dans le comportement des parents une teneur incestueuse qui le gêne. Cette gêne peut être consciente, même si son motif ne l'est pas. Elle peut aussi être inconsciente et retentir sur le développement intellectuel. C'est ce qu'on constate souvent en cas d'*inceste fraternel* par exemple.

> *Caroline* est en classe de perfectionnement à 13 ans. Elle est très bloquée sur le plan scolaire, alors que ses tests montrent une intelligence normale. En psychothérapie, elle est quasiment muette et s'irrite quand on la sollicite trop. Elle accepte de dessiner si je fais avec elle la moitié du dessin. Au bout de longs mois de psychothérapie, je lui propose des séances de psychodrame individuel que je dirige et pendant lesquelles elle pourra jouer divers rôles avec des psychologues. Ces séances sont elles aussi pauvres jusqu'au jour où elle joue le rôle de son frère aîné. Voici l'énoncé de cette scène : « Les parents

sont absents. Caroline et son frère sont seuls à la maison. » Dès le début de la scène, le frère aîné (joué par Caroline) tire les rideaux « pour qu'on soit tranquille et qu'on puisse jouer à papa et maman ». En fait, Caroline avait subi pendant des années des avances de ce frère et elle n'a pu en faire part qu'à travers cette technique qui permet de replacer l'enfant dans une situation qui lui permet de parler.

Comme on le sait maintenant, les incestes fraternels sont aussi fréquents que muets. Ils entrent dans le cadre d'une intimidation rendue possible dans les familles où la circulation de la parole se fait mal et où les enfants communiquent peu avec les parents. Ils peuvent durer pendant des années sans que les parents ne s'en aperçoivent. Ils sont imposés et donc assimilables à de mauvais traitements et ne sont donc pas seulement des incestes. C'est donc aussi bien différent des jeux sexuels anodins entre enfants du même âge que de l'inceste fraternel consenti qui, après la puberté, prend d'autres aspects.

Je ne verrai qu'une fois *Jean-Louis*, 18 ans, qui vient me voir de lui-même pour des problèmes graves, dit-il. Il a l'air sombre et inquiétant de quelqu'un qui vit dans un autre monde. Puis assez rapidement, avec un air de défi, il me raconte qu'il a depuis plusieurs années des relations sexuelles avec sa sœur plus jeune de dix-huit mois. « Vous savez, je flirte avec la mort », dit-il en terminant.

Ce garçon ne se rendait pas compte qu'il s'appliquait à

lui-même le jugement combien sévère que méritait à ses yeux aveuglés l'acte dont il se vantait presque. Dans ce cas, on peut penser que la participation du partenaire est elle aussi active et correspond à une absence d'interdit familial. La responsabilité n'est donc pas aussi délibérée qu'on pourrait le croire. À l'opposé, on pourrait penser que la responsabilité de l'enfant jeune qui subit est nulle : ce serait raisonner sans tenir compte de l'inconscient :

> *Marie-Danièle* me raconte que, petite fille âgée d'environ 10 ans, elle croise dans l'escalier un monsieur qui lui parle. Elle lui sourit, répond, car elle est coquette. Elle ne soupçonne rien quand celui-ci la caresse et elle est tellement intriguée et curieuse qu'elle ne se rendra compte qu'après-coup avec des larmes de rage de ce qui s'est passé. Il ne s'agit pas de son imagination mais de quelque chose de bien réel qui l'a véritablement traumatisée. J'en prends acte en lui disant qu'à sa curiosité, après tout normale, a répondu l'équivalent d'un viol. Elle m'arrête alors en m'opposant que si elle n'a aucune responsabilité dans ce qui est arrivé, elle n'a plus rien à dire !

De la même façon, l'enfant victime risque d'être totalement incompris des adultes s'il ne peut parler de sa propre participation. J'ai connu ainsi plusieurs cas où des enfants ayant dénoncé ce qui leur était arrivé non sans inquiétude ni sentiment de culpabilité, ont été choqués *après-coup* par l'ampleur de la répression qui s'abattait sur le coupable. Bien entendu, tous les cas sont différents, ils vont de la surprise totale de l'enfant par l'exhibitionnisme jusqu'à la relation adulte consentie, mais la tendance actuelle générale à dénoncer et faire dénoncer le ou les coupables risque de faire méconnaître ce que j'appelle la participation de la victime et ce qu'elle a à en dire.

> Dans un internat, un garçon se faisait régulièrement sadiser par les autres qui le menaçaient très fréquemment. L'obligation de les dénoncer, les punitions répétées des coupables n'y faisaient rien. Ce comportement répétitif continuait de plus belle. Jusqu'au jour où l'éducateur surprit le jeune, pantalon baissé, alors que les autres venaient de le menacer et prenaient la fuite. Cette fois-ci, l'éducateur, scandalisé, eut une réaction totalement différente : il se mit en colère et intima l'ordre au jeune de ne pas obéir à ce genre d'intimidation. Le résultat fut définitif. Le jour où l'éducateur lui demanda comment il avait réussi enfin à refuser, le garçon lui répondit « parce que vous m'avez *obligé* à me faire respecter ».

## *La sexualité infantile n'est pas la sexualité adulte*

La vie infantile, creuset de la vie en société, impose des règles aux adultes comme aux enfants. Certes, ce ne sont pas les mêmes en apparence. En tout cas, elles nécessitent, comme le disait Gandhi, que celui qui les fait appliquer les respecte lui-même. Ce respect n'est pas que formel ou factuel, il doit être aussi spirituel et essentiel. Les deux aspects sont d'ailleurs liés et qui respecte la forme sans respecter le fond trahit ce qu'il dit par son comportement, et entraîne un véritable désarroi chez l'enfant. Certes, il ne faut pas non plus exagérer et faire de l'enfant son propre censeur. Cela arrive plus souvent qu'on ne le croit et certains enfants vont par exemple jusqu'à cacher les paquets de cigarettes par crainte que Papa ou Maman « n'attrapent le cancer ». Cette tendance va d'ailleurs en s'accentuant avec les progrès de l'écologie, car l'enfant est naturellement écologiste.

De plus, la vie familiale a de plus en plus tendance à tourner autour des enfants. Cela non plus n'est pas forcément bon pour les enfants comme pour les adultes : leurs vies n'ont pas le même rythme et certains enfants sont ravis quand leurs parents sortent seuls ensemble. Cette évolution, est-ce un hasard, va de pair avec l'augmentation des séparations conjugales et ce sont les familles dites recomposées qui apportent souvent une distance utile entre parents et enfants. Cette distance est aussi nécessaire pour que les parents puissent imposer aux enfants des règles utiles. Il n'y a heureusement pas de démocratie familiale. En famille, tout le monde n'est pas égal et il faut savoir accepter et respecter cette inégalité naturelle.

Le domaine de la sexualité illustre particulièrement bien cette remarque. La sexualité infantile, même reconnue comme telle, *n'est pas* la sexualité adulte. Pour devenir adulte, cette sexualité a besoin de barrières. Plus qu'aucun autre domaine, la sexualité est relation, elle doit même s'allier avec la plus importante de ces relations, à savoir l'amour. Or, cette alliance ne va pas de soi et chez certains adultes, les deux aspects sont presque totalement séparés, ce qui est source de grande souffrance. C'est cette alliance qui ne peut se faire que grâce à un couple parental assez *uni* pour donner envie à l'enfant de l'imiter, assez *distinct* pour que la différence puisse jouer dans son choix amoureux ultérieur, assez *distant* de lui pour que la séparation puisse se faire progressivement.

**Comment réagir face aux « jeux interdits » ?**

Le désir des enfants de jouer avec leur sexe et celui de l'autre est normal. Mais ces jeux sont de l'ordre de la transgression. Et les enfants en ont l'intuition puisqu'ils se cachent. Les adultes n'ont pas à les autoriser et encore moins à les encourager.

Si un enfant en parle, c'est qu'il est angoissé. Il n'y a pas lieu de le gronder ou de le punir, cela aurait pour effet d'empêcher la communication par la suite alors qu'il faut absolument la préserver.

Mais il faut lui dire que :

– Son sexe n'appartient qu'à lui. Personne, ni enfant, ni adulte, n'a le droit de le toucher ou même de le regarder s'il ne veut pas. C'est d'ailleurs pourquoi on ne s'exhibe pas tout nu.

– Les enfants ont envie d'imiter les adultes, « de faire comme les grands ». Mais leur corps n'y est pas prêt. Il faut attendre d'avoir l'âge et un corps d'adulte. Plus tôt, cela ne leur fait pas plaisir comme aux adultes et peut au contraire les gêner et les inquiéter.

# VI

# La séparation des parents et l'autorité parentale

Un récent sondage SOFRES (*Le Figaro Magazine*, 4 mai 1996) donnait, à propos des idées sur le mariage chez les jeunes*, des chiffres quelque peu contradictoires. Si le mariage reste pour la majorité une institution nécessaire (50 %), qu'ils souhaitent pour eux-mêmes (59 %), qui « consacre un amour » (55 %) et oblige à la fidélité (88 %), ces mêmes jeunes en revanche pensent aussi que la loi ne doit pas faire de différence entre les couples mariés et non mariés (66 %), que s'ils ne sont pas mariés encore, c'est parce qu'ils sont trop jeunes (67 % des jeunes non mariés qui forment 95 % de l'échantillon) et surtout que la qualité essentielle du mariage c'est d'être « *une union qui peut être dissoute par simple accord des deux parties* » (57 %) !

---

* Auprès de cinq cents garçons et filles de 15 à 24 ans.

### *L'éclatement du couple et l'image paternelle*

Quand on y réfléchit bien, ces résultats paradoxaux s'expliquent par les contradictions de l'esprit humain. L'être humain, en effet, aspire heureusement à un idéal qu'il ne peut pas, par définition, atteindre, mais cède facilement devant le principe de réalité. Si le but est élevé et sa réalisation impossible, c'est en définitive la réalité qui l'emporte. Or, cette réalité, quelle est-elle ? Il serait naïf de ne la considérer que d'un point de vue matérialiste. Les difficultés de la vie moderne, le travail des mères à l'extérieur et la durée des transports, etc., tout concourt, il est vrai, à réduire le temps réservé à la vie familiale. À tel point par exemple que certains pères ne voient leurs enfants que le week-end : le soir, ils rentrent tard et les enfants sont couchés. On pourrait penser que cette précarité renforce le lien du couple parental et valorise les instants passés en commun. Ce n'est pas toujours le cas. Souvent les contraintes matérielles favorisent un « enfermement » du couple qui tente de préserver les rares moments de vie commune autour des enfants, au détriment de sa vie propre. Et cette réalité « psychologique » non moins prégnante que l'autre contribue pour une large part à cette « solution », au sens presque chimique du terme qu'est la séparation. Solution factuelle à un malaise non moins concret, même si bien entendu l'arsenal des sentiments, affects, tourments et serments entre en jeu. On trouvera peut-être ce jugement paradoxal : l'environnement serait donc le moteur du type de relations qu'adoptent les couples ? Oui et non. Actuellement, dans notre société, facteurs psychologiques et facteurs matériels s'allient contre l'individuation et favorisent l'alliance duelle. Il ne faut pas confondre vie de famille au sens large du terme et vie de couple. La famille patriarcale traditionnelle, étendue et comprenant les grands-parents, voire les collatéraux, a pratiquement disparu de nos sociétés occidentales. Or, il ne faudrait pas croire que cette vie de famille élargie soudait les couples qui y participaient. Bien au contraire, l'élargissement de l'horizon strictement familial, la répartition des tâches matérielles, bref la diversité qu'elle entraînait permettait à l'individu de s'épanouir beaucoup plus que dans une relation duelle. C'est pourquoi je risque ici l'hypothèse que la réduction de la famille au couple induit l'éclatement de ce couple. Et cet éclatement va de pair, à mon sens, avec le déclin de l'image paternelle.

Je vais tenter de me justifier brièvement. Je pense en effet que l'idéal d'exclusivité, voire de fidélité dans la relation, que nous retrouvons dans le sondage précité, est plus « féminin » que « masculin », si ces termes ont encore un sens.* La relation duelle, on l'a vu, se construit sur le modèle de la relation mère-enfant. Certes, elle représente l'exemple d'une relation forte et solide, mais aussi le danger de l'étouffement si elle ne s'ouvre pas sur l'extérieur. Or, regardez autour de vous, c'est cette relation qui a tendance de nos jours à démontrer sa prévalence, autant dans le domaine politique qu'économique. En ce sens, réalité psychologique et réalité matérielle trouvent là une sorte

*Cf E. Badinter, *XY, de l'identité masculine*, Odile Jacob, 1992.

d'analogie dont les méfaits culminent dans la famille actuelle. Or, la seule solution qu'ont trouvée à cet état de fait les couples modernes est une solution matérielle : la séparation. Et cette solution gagne même les milieux qui avaient traditionnellement répondu sur un autre plan, spirituel voire intellectuel, aux inconvénients du face-à-face duel. La conséquence de tout cela, c'est un véritable clivage entre le cœur et la raison. D'un côté, en effet, l'idéal persiste, s'exacerbe et s'éloigne, de l'autre le concret reprend ses droits, étend son domaine, affermit sa tyrannie. L'amour vote mais l'argent gouverne.

L'enfant, produit de l'amour, continue cependant et malgré la séparation des parents d'incarner l'idéal, idéal dont il est souvent l'ultime refuge. C'est pourquoi les parents se séparent mais, malgré leurs différends, prétendent préserver l'enfant et conserver à son propos l'unité parentale antérieure. Or, il n'y a pas de raison objective que la séparation résolve le problème de l'enfant plus que celui des parents. Au contraire, mais peut-être est-ce un bien, la séparation révèle, met à jour des problèmes d'autorité auparavant latents. C'est pourquoi beaucoup de couples séparés sont amenés à remettre en cause l'entente qu'ils avaient maintenue dans le bien des enfants.

### *Entente amiable*

L'entente plus ou moins bonne des parents, quelle qu'en soit la nature, touche forcément le problème de l'éducation des enfants. Certains parents, qui d'ailleurs restent ensemble, arrivent même à accuser leurs enfants d'être la cause de leur mésentente ! L'enfant paie alors le prix de la paix du ménage. Car, en fait, ce n'est jamais l'enfant qui est responsable des disputes de ses géniteurs, ou plutôt s'il l'est, c'est que ceux-ci ne s'accordent pas suffisamment sur le châtiment à exercer sur lui ou tout simplement les réponses à apporter à ses questions. L'enfant, en effet, divise normalement ses parents. Une relation à trois, et même cette relation si anodine, crée obligatoirement des situations où l'un des trois se sent exclu. Le plus souvent, il s'agit de l'enfant. Heureusement, car cette exclusion le rassure. Elle lui permet de rester le temps qu'il faut en enfance et même s'il (elle) pense qu'il (elle) va se marier avec Maman (Papa), c'est pour plus tard. Par parenthèse, le nombre d'enfants persuadés que cet événement arrivera un jour laisse tout de même penser que le conjoint ne s'interpose pas ! Y compris, bien sûr, s'il s'agit d'enfants petits. Toujours est-il que cette séparation de ses parents que tente de faire l'enfant est encouragée inconsciemment par l'autre partie. Et tout se passe comme si les sentiments que l'on prête à l'enfant envers ses parents étaient fortement induits par ceux des parents vis-à-vis de l'enfant. Aussi n'est-il pas exagéré de parler de relation à trois. Qui d'ailleurs n'a pas remarqué la jalousie d'un père lors de la naissance d'un enfant ? Cette jalousie est rationalisée, c'est-à-dire que son caractère affectif est réduit au fait que la femme est moins femme quand elle devient mère. D'une autre façon, certaines mères réagissent mal à l'entente de leur fille adolescente avec leur père, surtout si les relations sont tendues entre elles.

Comme les séparations surviennent souvent dans ce climat de conflits auxquels l'enfant participe activement ou passivement, elles n'affectent pas que les parents. La séparation effective ne change rien à ces conflits et souvent, au contraire, les envenime. Et cela même dans le cas le plus favorable, c'est-à-dire celui où les parents tentent de mettre les enfants à l'écart, tandis qu'ils prennent l'engagement de décisions communes et viennent ensemble rencontrer les professeurs ou consulter le psychologue.

*Renaud*, 9 ans, vient avec sa mère pour des problèmes de comportement. Les parents sont divorcés et le père habite chez ses propres parents. Renaud a déjà eu de nombreuses rééducations (psychomotricité, orthophonie) et ne sait pas trop pourquoi il vient consulter un pédopsychiatre. Il veut bien faire tout ce que veut sa mère. L'école ne marche pas très bien mais ce n'est pas catastrophique. Oui, il est souvent dans la lune. La maman noircit le tableau : elle trouve qu'il a des réactions impressionnantes, qu'il est en proie au doute constamment. Par exemple, il ne sait pas s'il doit ou non embrasser les gens. Il est aussi un peu persécuté, me dit-elle. Elle reproche à son ex-mari, qu'elle voit toujours cependant, une véritable cruauté mentale à son égard. N'est-il pas aussi allé jusqu'à faire lire à Renaud leur contrat de mariage ? Le père ne s'est-il pas opposé à cette consultation psy ? Elle raconte les coups de téléphone et prétend qu'il y a un climat de peur à la maison où elle vit avec ses deux enfants, Renaud ayant une sœur de 6 ans. Je décide de voir plus longuement cette mère. Récemment, elle a dit à ses deux enfants : « Je vais être obligée de vous dire tous les secrets que Papa m'a dit de taire. » L'un de ces secrets, c'est que les grands-parents paternels des enfants refusent que leur fils prenne pour les vacances Renaud et sa sœur. Elle les a fait aussi participer à la séparation en leur demandant si à leur avis il valait mieux qu'elle divorce et a ajouté : « Bien sûr, je serais hyper malheureuse de ne plus vous avoir, mais je ne veux que votre bonheur et si vous décidez d'aller avec votre père, je vous laisserai faire. » Renaud copie son père et s'en rend compte. Comme pour prouver que c'est bien lui qui a besoin d'aide, elle ajoute : « Il parle de son ange gardien, mais parfois aussi d'une bête qu'il a en lui. » En fait, Renaud est tout simplement angoissé par la situation qui lui est faite. Et il en a assez d'être questionné comme s'il était l'oracle, le voyant ou le psychologue de sa mère.

Cet exemple rejoint le problème de toutes ces séparations qui en fait n'en sont pas. Certes, il y a une séparation matérielle, mais pas de séparation morale. L'un des parents (voire les deux) n'a pas renoncé vraiment à l'autre et conserve avec celui (celle)-ci une relation pathologique dont l'enfant est le support et le prétexte. C'est pourquoi d'ailleurs, ces enfants-là ne comprennent pas la raison du divorce et envisagent d'aller vivre autant chez l'un que chez l'autre. De plus, ils perçoivent des ordres tellement contradictoires que, pour se protéger, ils approuvent toujours le parent avec qui ils sont. Les questionner dès lors pour savoir avec qui ils veulent aller habiter, c'est-à-dire en somme qui ils préfèrent, les angoisse et ne leur donne pas vraiment la parole. Certains arrivent cependant à dire qu'ils refusent de toutes leurs forces la séparation de leurs parents.

> *Benoît*, grand garçon de 17 ans, fait pitié à voir. Il demande de l'aide entre deux sanglots parce qu'il ne supporte pas la séparation de ses parents. Ceux-ci continuent de bien s'entendre mais seul son père s'est remarié ; il s'entend d'ailleurs très bien avec sa belle-mère. Il aurait aimé aller habiter en province chez son père, mais il ne peut pas quitter sa mère. Quand il est chez lui, il pense à elle et vice versa. En fait, il dit qu'il ne peut « laisser sa mère seule ». Il perçoit en effet que sa mère est dépressive et il craint de lui faire du mal en la quittant, même si c'est imaginaire.

Il est sûr que certains enfants, convaincus de provenir à parts égales de chacun des parents, vivent le divorce comme si on les coupait en deux. Celui-ci les oblige artificiellement à prendre conscience de leur individualité, et on peut se demander si cette opération n'aurait pas été nécessaire un jour ou l'autre. Il n'en reste pas moins que cette épreuve est douloureuse et qu'il faut l'accompagner. D'autres enfants, au contraire, souhaitent la séparation et le disent.

> *Graziella*, 9 ans, est la dernière de trois filles. Ses sœurs sont beaucoup plus âgées qu'elle et elle a été conçue pour « sauver le couple ». Les parents travaillent ensemble dans l'entreprise qu'a créée monsieur. Ils se dis-

putent sans cesse à propos de tout et de Graziella. Celle-ci fait un blocage scolaire que la mère, ancienne enseignante, ne supporte pas. Elle rejette les interventions de son mari qui, lui, « ne supporte pas le ton de sa femme quand elle fait faire ses devoirs à [leur] fille ». Celle-ci déclare un jour à sa mère : « Tu m'aimes moins que mes sœurs parce que je suis la dernière. J'aurais voulu ne pas naître. » Elle fait otite sur otite et il a fallu lui poser un yo-yo parce qu'elle entendait mal. La mère ne supporte pas que son mari ait constamment peur d'être dominé. Ils vont chacun consulter un psychiatre, se séparent, reviennent ensemble. Graziella dit sur un ton agacé : « Je préfère qu'ils se séparent plutôt que de les entendre se disputer. »

## *La famille recomposée et l'autorité du tiers*

Si certains enfants supportent relativement bien le divorce et en parlent entre eux à l'école, c'est qu'ils sont bien équilibrés et se rendent compte de la fragilité des liens amoureux. Souvent ils comparent les amours des adultes aux leurs et admettent la difficulté d'une relation stable. La vie amoureuse infantile est très riche et l'enfant apprend très tôt la souffrance d'être préféré à un(e) autre. D'autres enfants, au contraire, souffrent d'autant plus du divorce que celui-ci est compliqué et qu'ils avaient auparavant pâti de la mésentente des parents. Or, dans ce cas, on peut espérer que la séparation des parents va permettre d'introduire une médiation dans la querelle duelle. Cette médiation est parfois une compensation à ce vécu douloureux parce qu'elle introduit un tiers. Ce tiers, ce peut être le médiateur bien nommé, le juge d'enfant, le médecin, l'assistante sociale. Mais il peut s'agir aussi du nouveau partenaire quand celui-ci se fait entendre de la mère ou du père.

L'histoire familiale mouvementée de *Carole* expliquera bien mon propos. Carole a vécu jusqu'à deux ans avec ses deux parents. De deux à huit ans, elle est seule avec sa mère qui épouse ensuite un fonctionnaire international : Carole accompagne donc sa mère à Bruxelles jusqu'à l'âge de 12 ans. Elle vit ensuite une année à Nice avec son père qui s'est remarié, puis revient avec sa mère seule. À 13 ans, Carole est en cinquième et a beaucoup de mal à travailler, car elle ne se sent pas très bien dans sa peau. Elle n'a plus d'amis ici à Paris et les seuls qui comptent sont à Bruxelles, elle leur écrit de temps en temps, mais reste en pensée là-bas. Elle rêve la nuit de fantômes qui vont et viennent se mélanger à sa famille : ce sont des gens venus de l'espace qu'elle essaie de fuir. Elle a besoin de parler à quelqu'un mais comme elle voulait se confier à une religieuse en internat, ses camarades l'ont prévenue : méfie-toi, elle raconte tout à tout le monde. En fait, elle avait une excellente relation avec le mari de sa mère à Bruxelles. Ces années ont été pour elle comme un beau rêve. Sa mère était joyeuse, épanouie, elle recevait ses amis à goûter. Elle se rappelle les sorties avec son beau-père avec beaucoup d'émotion. Elle a aussi une bonne relation avec son père mais n'arrive pas à retrouver avec lui la complicité qu'elle avait avec le beau-père. Elle prétend qu'elle ne peut lui parler sans que sa belle-mère écoute ! Le retour chez sa mère et la vie à deux ont amené chez elle une forme de dépression qui a entraîné un véritable effondrement scolaire.

On comprend, grâce à cet exemple, comment l'enfant a besoin de deux personnes pour se construire, mais deux personnes avec lesquelles il ait une relation particulière. On comprend aussi que le divorce n'est pas forcément perturbant *en soi*. Ce qui l'est en revanche, c'est le repli de l'un des parents vivant seul avec l'enfant.

*Guillaume*, 11 ans et en CM2, avait 7 ans quand sa mère s'est séparée de son père. Il a dit alors : « Je suis le plus malheureux des petits garçons ; et toi, Maman, es-tu heureuse dans ton cœur ? » Depuis il s'est remis du départ de son père et dit qu'il est très heureux comme ça : plus de nouvelles, plus de papa ! Il donne l'impression d'un petit roi régnant sur sa mère, sa tante, sa grand-mère maternelle. Seulement, Guillaume ne fait plus rien en classe. Il s'était très attaché l'année dernière à un instituteur sévère. Un jour, celui-ci l'a puni d'une façon que Guillaume a vécu comme injustifiée. La mère s'en est mêlée, donnant tort à l'instituteur et décidant toute seule de changer son fils d'école. Il n'arrive pas à comprendre pourquoi il ne travaille pas en classe. Il n'a en effet pas de difficultés de concentration ni de mal à se mettre au travail. En revanche, il veut qu'on le fasse travailler.

*Marianne*, 15 ans, est en première. Mme R... l'a eue avec un Noir qui ne l'a pas reconnue, sans doute parce qu'il était déjà marié. Marianne est une très belle fille qui vient de faire une tentative de suicide. On reconstitue avec elle ce qui l'a amenée à ce geste. Elle a un ami d'enfance d'origine marocaine qui a été en primaire dans la même classe qu'elle, avec sa mère comme enseignante. Après un séjour d'un an à l'étranger, elle s'est rendue compte qu'elle était amoureuse de lui. Karim, lui, éprouve pour elle une amitié quelque peu ambivalente. Marianne, en effet, le « colle » trop, ce qu'il ne supporte pas. Âgé d'un an et demi de plus qu'elle, il a eu des relations sexuelles avec elle mais a en même temps d'autres copines. Or, l'autre jour, il lui a dit dans un mouvement de colère qu'elle était « nulle à chier ». Marianne n'en a pas dormi de la nuit et au petit matin a avalé le tube de somnifères de sa mère. Elle prend conscience, en parlant, de la façon dont elle a « investi » Karim. Il représentait sans doute pour elle un idéal qu'elle avait entretenu en silence. Il est plus que probable que cet idéal participait de l'image qu'elle s'était faite de son père. Cela explique sa détresse quand celui qui incarnait à ses yeux cet idéal l'a rejetée brutalement.

Ces deux exemples démontrent *a contrario* que certains divorces ou séparations risquent d'entraîner chez le conjoint qui n'a pas fait le deuil de cette relation et ne peut donc renouer avec un nouveau partenaire, une relation exclusive avec l'enfant souvent unique qui reste seul(e) avec lui (elle). Cette relation n'est bien sûr pas consciente la plupart du temps, ni pour l'enfant ni pour le parent qui au contraire essaie d'échapper sans le pouvoir à cette situation. Or, les méfaits d'une autorité même « douce » concentrée dans une seule personne se font sentir non pas dans des problèmes de discipline – ce qui serait peut-être moins grave – mais dans des *symptômes* de l'enfant ou de l'adolescent.

> *Vanessa* petite fille de 10 ans dont les parents sont séparés pratiquement depuis qu'elle est née, veut rencontrer « des médecins qui la fassent parler ». Et elle ajoute : « Comme je vois pas beaucoup mon papa, cela ne sert à rien de garder ça sur mon cœur. »

Vanessa a raison. Dans tous ces cas où la relation rompue laisse chez le conjoint ou l'enfant quelque chose qui *ne peut être digéré*, il vaut mieux établir alors une nouvelle relation, mais avec un thérapeute cette fois, c'est-à-dire une relation artificielle qui permet d'analyser tout ce qu'on « mettait », sans le savoir, dans la précédente et réelle relation.

### *Filiation génétique ou filiation psychologique ?*

Dans la grande majorité des cas, la distinction entre une filiation génétique et une filiation « psychologique » ne se pose pas, pour la bonne raison qu'il n'y a qu'un seul père. Mais les problèmes posés par l'adoption ou les familles recomposées nous amènent à nous demander si, même dans les familles normales, il n'y a pas lieu de se poser des questions. La filiation génétique traduit le partage des patrimoines paternel et maternel dans l'œuf, qui va se diviser pour devenir embryon. Comme on le sait, seuls certains caractères génétiques vont apparaître, tandis que d'autres restent à l'état latent. Si la couleur des yeux ou les traits du visage sont des marques de fabrique facilement identifiables, d'autres comme le caractère ou les dons artistiques peuvent prêter à caution. La filiation psychologique accompagne ou non la biologie. Elle est marquée par ce qu'on appelle *l'identification* qui revient pour l'enfant à s'approprier telle particularité de ses ascendants. Il est difficile, pour ne pas dire impossible, de faire la part de ce qui est psychologique par rapport à l'organique, mais le poids de ce qui est acquis semble parfois l'emporter sur ce qui est inné chez l'être humain.

> *Roland* est un enfant adopté à l'âge de 7 mois. Les parents sont tous les deux médecins et madame a été très marquée par un père général dont la personnalité en imposait à tout le monde. L'adoption n'a jamais posé de problème à Roland qui a donc toujours porté le nom de son père adoptif et lui ressemble même ! Sa scolarité ne se déroule pas trop mal mais il n'a aucun goût pour la médecine. À dix-huit ans, il décide de s'engager dans l'armée et réussit brillamment à l'examen d'entrée d'une école de sous-officiers. Sa mère est enchantée : il a le gêne kaki, lance-t-elle à ses amis !

L'exemple de Sylvie, bien que différent, est du même ordre :

*Sylvie*, 10 ans, subit douloureusement le divorce de ses parents. Ceux-ci sont de milieu et d'origine très différents. Sa mère est française et intellectuelle ; le grand-père maternel est professeur de faculté. Son père, d'origine tunisienne, n'a pas fait d'études. Elle lui ressemble beaucoup physiquement. La mère supporte très mal le divorce qu'elle n'a pas accepté. La solitude lui pèse tellement qu'elle retourne vivre dans un appartement proche de celui de ses parents. Son père l'accompagne dans ses démarches et l'aide beaucoup. Il accompagne Sylvie à ses séances de psychothérapie. La maman, suivie de son côté, avoue : « Pour Sylvie, son père c'est son grand-père. Elle l'aime beaucoup, travaille très bien en classe, fait du violon comme lui. »

Les problèmes de divorce pèsent avec acuité sur les questions d'attachement ou d'identification en rapport avec l'autorité parentale*. S'il paraît normal, en effet, que celle-ci soit exercée par les ascendants légitimes ou naturels sur le plan légal, le divorce introduit forcément un changement dans les *conditions* de cet exercice. Et ce changement induit une rupture de fait entre ce qui est de l'ordre affectif et ce qui est de l'ordre légal. Parfois, cette rupture est surmontée dans les faits. En cas de conflit, en revanche, il est bien difficile, même aux experts quand le juge a fait appel à eux, de savoir où se trouve le bien de l'enfant. Le bien de l'enfant, en effet, consisterait précisément à associer attachement et autorité et faire en sorte

*Exercée par les deux parents depuis la loi du 4 juin 1970.

qu'il vive avec le parent auquel il obéit par amour ! Si cela est déjà difficile pour les enfants dont on connaît parfaitement la filiation, que dire de ceux pour qui ce problème se pose sur le plan légal ? Et sur quelle légitimité biologique, affective ou juridique peut se fonder la justice ?

*Vadim, l'enfant aux trois pères.* Vadim, 7 ans, est en CE1 et l'objet d'un conflit acharné. Il vit actuellement avec sa mère qui vient de se remarier. Il a été élevé par ce beau-père, Pierre, avec qui sa mère a vécu de nombreuses années. Son père légal, Philippe, qui l'a reconnu alors qu'il vivait avec sa mère, a obtenu un droit de visite depuis leur séparation. Mais la maman de Vadim sait très bien que Philippe n'est pas le père de Vadim : à l'époque où elle l'a eu, elle ne s'entendait plus du tout avec lui. Si bien qu'au cours de la procédure de divorce, elle demande une expertise qui prouve effectivement la paternité d'un autre homme, Jean-Charles. Quand la recherche biologique de paternité reposait sur l'étude des groupes sanguins, on ne pouvait qu'éliminer et non affirmer une paternité. Depuis, et à la demande de la justice seulement, on peut connaître « l'empreinte génétique » qui identifie le père avec 98 % de certitude. Or, les visites chez Philippe, que Vadim a longtemps appelé « Papa », sont une source de conflit constant. De plus, Vadim rentre en larmes chez sa mère et ne sait pas dire pourquoi. Celle-ci intente une action en justice pour retirer à Philippe le droit de visite. Après le choc de la révélation de sa non-paternité, Philippe renonce à venir chercher Vadim, mais n'arrête pas pour autant la bagarre judiciaire. Vadim ne souffre pas apparemment de l'absence de ces visites. Il va mieux au contraire, est moins confus, moins perdu depuis qu'il peut parler avec un spécialiste chez lequel il fait des dessins qui montrent deux animaux préhistoriques en plein affrontement. Il travaille mieux à l'école, mais on attend avec inquiétude la prochaine décision de justice.

## *Autorité, affectivité, père et mère*

Qui peut donc représenter l'autorité paternelle chez *Vadim*? Certes, la personne importante c'est sa mère. Elle détient les clefs du pouvoir et Vadim le sait bien. Mais cette mère a parfaitement conscience que cette toute-puissance apparente l'embarrasse plutôt. Et elle demande conseil avec beaucoup de sérieux et d'émotion. C'est bien parce qu'elle n'est pas une mère abusive qu'elle s'appuie sur son mari et que celui-ci est, de ce fait même, le personnage paternel qui compte pour Vadim. Cela ne veut pas dire que Vadim n'obéissait pas à Philippe. Bien au contraire, sachant que les adultes sont des personnes compliquées, il se serait bien gardé de contester un monsieur qui était si gentil avec lui et lui faisait de beaux cadeaux. Quant à Jean-Charles, il le connaît sans savoir exactement son rôle dans son existence, mais celui-ci, qui a gardé des relations amicales avec la mère de Vadim, ne revendique rien. Vadim sait d'une certaine façon que son père est celui que sa mère écoute et qui va jouer pour lui le rôle symbolique du père.

Malgré sa complication, la situation de Vadim l'est moins que celle de certains enfants de familles recomposées ou non, où la séparation des parents entretient une séparation préjudiciable entre l'autorité et l'affectivité. D'abord parce que certains pères, par exemple, ne voyant leur enfant que tous les quinze jours, abandonnent quasiment leur rôle frustrant et éducatif au profit, si je puis dire, d'un rôle de grand-père gâteau. Du coup, c'est la mère qui est obligée de jouer tous les rôles à la fois. Ailleurs, c'est le père au contraire qui est épinglé comme le méchant, ce qui aboutit à la longue à supprimer les visites et à l'éloigner définitivement de la vie de l'enfant. Les situations sont démultipliées quand les parents sont remariés ou vivent avec quelqu'un. C'est alors le beau-père ou la belle-mère qui joue le rôle d'empêcheur de tourner en rond. Or, l'enfant n'est pas plus héroïque que l'adulte. Il a tendance à profiter de la situation et à se laisser aller à la facilité même à son détriment quand, par exemple, il gâche sa scolarité. Il arrive cependant qu'il approuve celui ou celle qui joue le rôle interdicteur, car il sent qu'il en a besoin.

> *Jean-François*, 13 ans, vient avec son père et sa belle-mère qui l'a élevé depuis qu'il a 3 ans. Jean-François ne fait rien en classe. Son père ne l'oblige pas à travailler et sa femme s'en scandalise de façon tellement véhémente qu'elle a l'aspect d'une virago. Le père ne dit rien, reste placide, mais dévalorise Jean-François, et celui-ci, qu'on dise du bien ou du mal de lui, est content d'être sur la sellette. Cependant, quand on le voit seul, c'est à sa belle-mère que Jean-François donne raison.

Cette problématique familiale rejoint celle qu'on observe quand les parents s'opposent entre eux par *enfant interposé*. Dans ce cas, le parent prend systématiquement le point de vue contraire de celui de son conjoint, et s'allie avec l'enfant contre ce dernier. On voit se former sur ce modèle des couples mère-fils ou mère-fille contre le père, plus souvent que des couples père-fils ou père-fille contre la mère. Cela est bien pire qu'un divorce réussi. L'enfant est incapable, sinon par ses symptômes, échecs scolaires ou passivité extrême par exemple, de s'opposer à ses parents. Il ne peut s'opposer ni au parent complaisant qui fait de lui son allié, ni au « mauvais » parent qui le brime. Malheureusement, ce genre de couple, uni par une sorte de haine, est particulièrement stable car chacun préfère encore le conflit même quotidien à la solitude. L'enfant en fait les frais et il vaudrait mieux pour lui que ses parents divorcent, non pour reproduire cette relation sadomasochiste que je viens de décrire, mais pour nouer avec d'autres des relations plus saines. Car ce qu'il faut à l'enfant, ce sont des parents qui réunissent autorité et affectivité sur leurs deux têtes. Sans cela, l'enfant navigue entre la facilité et la recherche du plaisir, travers que risque d'encourager en cas de divorce le parent insatisfait. L'idéal serait évidemment que les géniteurs de l'enfant continuent d'observer, en cas de séparation, la même alliance dans leurs attitudes éducatives. Quand ce n'est pas possible, le rôle du beau-père ou de la belle-mère, par la distance qu'il respecte, par l'affection aussi qu'il apporte réellement à l'enfant, peut être absolument capital. Dans ce cas-là, il convient que le parent légitime de l'enfant reconnaisse le rôle du parent substitutif et surtout qu'il ne désavoue pas son influence sous le prétexte fallacieux et démobilisateur qu'il (elle) n'est pas le père (la mère) de l'enfant.

> *Mme Y...*, la mère de *Jérémie*, 13 ans, vient de divorcer du père de celui-ci, en prison pour trafic de drogue. C'est une mère jeune, séduisante et assez instable. Elle avait avec Jérémie une relation beaucoup trop érotisée que Jérémie combattait en devenant mauvais élève et futur délinquant. Mme Y..., dépassée, fait une psychothérapie et prend conscience de son attitude : elle a cherché en Jérémie un confident. Arrive alors Marc qui accepte la présence de Jérémie. Celui-ci est soulagé par l'arrivée de ce futur beau-père. Il tente de lui ressembler et l'admire, mais ne supporte pas qu'il le « commande ». Mme Y... donne raison à son fils. Marc décide de partir parce que Jérémie l'a menacé d'un couteau. Finalement, suivie aussi en guidance, Mme Y... se rend compte de sa complicité inconsciente incestueuse avec son fils. Elle accepte l'autorité de Marc. Jérémie se stabilise et se met à travailler en classe.

La séparation peut être un drame, mais la famille recomposée peut pallier les inconvénients de la première à condition que les nouveaux parents soient en mesure d'assumer leur rôle.

# VII

# Les petites transgressions

Il n'y a pas de petites transgressions. Pour l'enfant en tout cas. Car en général quand il fait une bêtise, dit un mensonge, commet un larcin, il a véritablement l'impression de défier les adultes et de mériter la pire des sanctions – même s'il est vrai que tous les enfants n'ont pas la même sensibilité à l'interdit. Ceux dont je viens de parler sont des enfants qui ont intériorisé l'interdit et qui ressentent un sentiment de culpabilité.

## *La faute et le sentiment de culpabilité*

**Or, le sentiment de culpabilité n'est pas parallèle à l'intensité de la faute.** Tel enfant jeune peut se mettre à pleurer par exemple pour avoir frappé légèrement un autre enfant, voire même simplement en regardant un enfant en frapper un autre. La sanction éventuelle de l'adulte doit être proportionnée à cette conscience parfois exagérée de la faute.

*Aurélien*, 10 ans, a été invité pour la première fois

chez les grands-parents de ses petits cousins. Ce sont des gens aisés qui possèdent une propriété avec un parc au milieu duquel se trouve un joli bassin. Il fait chaud, les enfants s'énervent. Ils trouvent des ballons qu'ils s'amusent à faire flotter. Aurélien est un garçon sérieux qu'on donne toujours en modèle. Ce jour-là, il se contrôle moins que d'habitude et participe pleinement au jeu qu'il a peut-être même inauguré. Soudain, une petite cousine tombe à l'eau. Le bassin n'est pas profond, mais c'est la panique. La petite se redresse vite mais Aurélien court prévenir en larmes les adultes comme s'il était coupable, tout simplement parce qu'il est à peine le plus âgé.

La faute est nulle ici, et pourtant le sentiment de culpabilité très présent ! Dans ce domaine, rien n'est simple et une certaine éducation peut conduire un enfant à ce genre de comportement qui n'est pas rare mais signale un risque d'évolution vers la névrose. La névrose, c'est en effet la prévalence chez l'individu de scénarios imaginaires visant à soulager la culpabilité aux dépens de la réalité. Il est probable, dans le cas d'Aurélien, que se cachait chez lui une envie de transgresser d'autant plus forte qu'elle était réprimée. Ce jeu dans le bassin signifiait sans doute la réalisation de désirs plus ou moins coupables. Bien entendu, ce sentiment de culpabilité est exagéré. Il n'est pas « normal » et s'alimentait sûrement chez Aurélien des défenses diverses faites par les adultes et glanées ici ou là : ne te salis pas, fais attention aux autres, donne l'exemple aux plus petits, tiens-toi bien chez les gens que tu ne connais pas ! etc. Toujours est-il qu'il est d'autant plus fort que, plus ou moins inconscient, et qu'il se heurte dans l'esprit de l'enfant à l'envie de vivre, de jouer, de faire du bruit, de se salir ! La preuve en tout cas de la force de cette culpabilité inconsciente se révèle quand la petite fille tombe dans le bassin. Cette chute justifie pour l'inconscient d'Aurélien tous les interdits et « punit » toutes leurs transgressions.

Ce genre d'éducation tend heureusement à disparaître de nos jours, encore une fois par réaction contre l'éducation antérieure. On n'ose plus interdire, encore moins frapper et on rate malheureusement des étapes dans l'éducation. Pourquoi je parle d'étapes ? *Parce qu'il s'agit de stades qui deviennent rapidement irréversibles.* Il est très difficile, voire impossible, d'apprendre les bonnes manières à un enfant mal élevé. Mais surtout, **les parents qui ne sévissent pas assez et croient par là même ne pas trop culpabiliser l'enfant** se trompent lourdement. En effet, **ils aboutissent au résultat rigoureusement inverse.** Pourquoi ? Tout simplement parce que le sentiment de culpabilité ne disparaît pas, bien au contraire, avec l'absence de châtiment. Il continue de courir plus que jamais et contribue à donner naissance à des comportements complexes dans lesquels entre en jeu précisément le besoin de punition. Or, il est difficile – on va le voir – de réprimer ces comportements qui parfois scandalisent les parents, mais témoignent *plus d'un malaise que d'une faute*. Puisque sans doute le lecteur me trouve obscur, je cite ici ces attitudes de l'enfant qui font consulter les parents parce qu'ils sentent bien que l'enfant s'oppose à eux, mais ils ne savent pas quoi dire, comment punir et se trouvent donc dépassés. Que faire, par exemple, quand un petit bout de chou se met en colère pour un rien, dit des gros mots ou même *mime* les comportements car il ne sait pas encore parler ?

*Florent*, 18 mois, est gardé par sa tante célibataire. Elle lui interdit d'aller sur le balcon. Bien sûr, il s'y précipite. Elle le ramène *manu militari*. À ce moment-là, il se met en colère et éructe des injures fictives dans sa langue à lui en crachant. Puis, il se sauve dans la salle de bains et elle le retrouve retranché derrière les W.C., brandissant la balayette ! Passée cette rage, c'est le plus doux et le plus câlin des enfants. Disons en passant que des comportements de ce genre passent souvent avec l'acquisition du langage, c'est-à-dire l'acquisition d'autres armes !

L'enfant mauvais joueur qui **triche** systématiquement est lui aussi allergique à la frustration et ce sont ses camarades qui le punissent en refusant de jouer avec lui. Plus tard, les injures, voire les coups de pied lancés par l'enfant, laissent plus d'un parent perplexe, mais que dire de certaines bêtises qui peuvent prendre des proportions gigantesques ?

Pour faire plaisir à ses copains, ou plutôt pour se faire aimer de ses camarades de classe, *Alain*, 15 ans, accepte de les amener chez lui en l'absence de ses parents. Que se passe-t-il alors ? Personne ne le saura vraiment. Les jeunes adolescents se déchaînent littéralement avec la complicité impuissante d'Alain. Ils découvrent les alcools, mettent la chaîne stéréo à fond, s'enivrent, décrochent les tableaux et saccagent tout. Plus tard, devant les dégâts, Alain n'accuse personne, reste muet et garde son énigme. Est-il une simple victime ou encore un masochiste qui s'ignore ? On peut imaginer aussi qu'il triomphe secrètement de l'accumulation d'une haine muette.

D'autres symptômes déroutent les parents qui balancent entre compréhension et répression, sans savoir sur quel pied danser. C'est ainsi que le vol en famille, le mensonge permanent font passer les parents par les étapes successives de l'incrédulité, l'emportement, le découragement, la remise en question. L'incrédulité : non, mon enfant ne peut *me* faire ça ! L'emportement : c'est intolérable que *mon* enfant fasse cela ! Le découragement : d'où cela peut-il venir, quelle tare *familiale* resurgit ? La remise en question : quelles erreurs éducatives *ai-je* pu commettre ?

### *Le vol*

Qu'il s'agisse du vol dans les magasins, en bande le plus souvent, ou de l'argent dérobé aux parents, le vol scandalise. « Il (elle) a pourtant tout ce qui lui faut » est la phrase qui revient le plus souvent, car cette constatation établit le caractère incompréhensible de l'acte en question et conduit les parents chez le spécialiste.

*Joël*, 12 ans, est renvoyé de sa famille d'accueil au cours d'un séjour en Angleterre. Il a volé de l'argent à plusieurs reprises. Cela a fait scandale. Pourtant, Joël s'entendait très bien avec son correspondant, la famille était très ouverte, enfin il avait suffisamment d'argent de poche. Les parents sont catastrophés. La mère surtout ne comprend pas pourquoi il a fait ça, alors qu'il a déjà été suivi longtemps en psychothérapie. Joël n'arrive pas à expliquer son geste. Ça a été plus fort que lui. Et s'il n'imaginait pas des conséquences aussi radicales, il pensait bien que cet acte ne resterait pas impuni. D'ailleurs, il l'a commis à un moment où il était seul à la maison et les soupçons se sont immédiatement portés sur lui. Le père est un peu moins inquiet que la mère : il se rappelle avoir régulièrement volé des briquets au supermarché. Il en faisait même collection et ses parents ne se sont rendus compte de rien.

*Patrick* (chapitre 1) était très ami avec le fils de l'instituteur. Un jour, ce dernier lui montre dans quel faux livre de la bibliothèque sa mère cache son argent. Pendant que son ami est aux toilettes, Patrick vole cet argent sans même remettre le livre à sa place. Il est lui aussi rapidement confondu. Du coup, les parents des deux enfants ne se fréquentent plus et Patrick perd son ami. Il n'imaginait pas pourtant que cela finirait comme ça.

Le désarroi des parents dont l'enfant a commis un vol culmine quand ce vol a lieu au sein même de la famille. S'il pose en effet le problème immédiat de la sanction, la question de fond redouble d'intensité. Or, les caractéristiques même de ces vols incitent à la réflexion car elles dénotent un trouble affectif. Il semble d'abord que l'enfant, en volant, se fasse en quelque sorte un cadeau à lui-même. Les parents perçoivent bien que l'enfant (leur) prend quelque chose qu'ils ne lui ont pas donné et qu'il n'a d'ailleurs pas demandé. Ce vol pathologique met donc les parents devant l'énigme du désir : leur enfant veut et prend quelque chose qu'il ne leur demande pas clairement. De plus, l'enfant fait tout pour se faire prendre ou, en tout cas, ne prend souvent aucune précaution pour camoufler son geste. Enfin, l'enfant agit comme dans un rêve ou plutôt comme un somnambule puisque « c'est plus fort que lui » et qu'il n'imagine pas les suites. Et finalement, *last but not least*, l'objet du larcin n'a pas vraiment de valeur, voire aucune importance.

On peut mettre tout cela en rapport avec les réactions des parents :

– *Me faire ça à moi !*

Signe que l'enfant vise sans doute la nature du lien qui le lie à l'adulte et à sa mère en particulier. Quoi, cet enfant n'aurait donc pas eu tout l'amour que j'ai cru lui donner ? Quoi, il veut me faire du mal, me punir, m'empêcher – peut-être – de l'aimer ? Il remet donc en cause cet amour, la *nature* de cet amour parental, *l'intensité* de cet amour. Et en plus, si j'ose dire, cette remise en cause se fait sous le signe du manque : l'objet du vol venant remplacer ce dont l'enfant aurait manqué. On comprend pourquoi cela peut affoler les parents : le vol est à la fois une demande et en même temps un refus. Demande d'amour adressée aux parents et refus de celui qu'ils donnent : c'est un comble. On comprend aussi pourquoi les psychologues, reprenant d'ailleurs les juristes, déclarent qu'il n'y a pas de vol en famille et qu'il faut le qualifier autrement puisqu'il s'agit d'autre chose.

*– Ce n'est pas possible que mon enfant ait fait cela !*

Cette phrase signe la rupture du lien enfant-parent induite par le vol. S'il a fait cela, ce n'est plus mon enfant : ce reniement est aussi reniement de soi-même. Il pourrait se dire aussi : mon enfant, en désavouant mon amour, ne me reconnaît plus comme parent. Cela explique peut-être que l'enfant, par ce geste, *se sanctionne* lui-même, puisqu'il fait tout pour être pris et qu'il risque de perdre l'affection dont il est l'objet.

*– D'où cela peut-il venir ?*

Pris dans ces contradictions, les parents qui réfléchissent tendent alors à chercher un bouc émissaire. Souvent ce bouc émissaire, c'est la famille… de l'autre. Les parents se renvoient ainsi la balle par généalogie interposée. Malheureusement, cet argument ne tient pas longtemps. L'enfant est bien le résultat indivisible de leur union et son symptôme devient le leur à tous les deux. Il leur faut l'accepter, comme on accepte un héritage et comme on est bien obligé d'accepter cette part de soi qui reste inconnue et se manifeste parfois bruyamment dans sa progéniture !

*– Enfin, quelle erreur ai-je commise ?*

Cette dernière interjection inverse presque le sens de la culpabilité. Ce n'est plus l'enfant qui est coupable, mais le parent qui recherche sa faute. Il faut pourtant sanctionner ce vol, ou alors plus rien n'a de sens et le vol lui-même perdrait sa valeur provocatrice. Mais puisque ce livre est destiné à aider les parents qui veulent aller plus loin, essayons de dépasser le plan de la *punition*. Ces vols surviennent dans les familles où l'enfant ne *manque* de rien, ni sur le plan matériel, ni sur le plan affectif. Les parents, au contraire, font *tout* pour l'enfant.

Dans la famille de Joël, comme dans celle de Patrick, la mère a une relation trop forte avec son fils. Je ne cherche nullement à culpabiliser les mères, mais c'est un fait *et tout se passe comme si*, par son méfait lui-même, et cela inconsciemment, l'enfant cherchait à casser ce lien trop fort en disant en somme à sa mère : j'ai besoin d'affection, ou mieux, je réclame cette affection qui m'est due (et que je prends), mais je refuse cet amour qui m'étouffe. Seulement, il (elle) ne peut parler dans ces termes et il (elle) lui faut passer par cette conduite énigmatique en apparence. L'enfant cherche la sanction peut-être parce qu'il se sent coupable de refuser cet amour maternel dont il abuse d'ailleurs sans vergogne. Au-delà de cette sanction demandée, ce qui émerge une fois de plus, c'est le défaut éducatif dont souffre l'enfant : il est obligé de briser lui-même le lien qui l'unit à sa mère. Et cela parce qu'elle-même ne peut le faire ni seule, ni avec son mari. Ni elle, ni lui ne peuvent en effet dire non à cet amour trop fort et pourtant si nécessaire au début de la vie, qui pèse sur son fils ou sa fille.

Dans d'autres cas, au contraire, et notamment quand

cela s'adresse au père, c'est le défi qui prédomine et si le père ne réagit pas, l'enfant mettra la barre plus haut.

## *Le mensonge*

Voilà encore un comportement qui appelle la sanction, mais interpelle les parents. Il y a tellement de sortes de mensonges que je suis embarrassé pour en parler. L'adulte déjà, même le plus strict sur cette question, a compris, s'il tient à vivre en société, que le mensonge est indispensable. Sans parler du mensonge par omission qui est la règle commune du savoir-vivre, le mensonge de politesse est véritablement, c'est le cas de le dire, une nécessité. Pensez *a contrario* aux ravages que peut faire la volonté de tout dire. Cette volonté peut être soit suicidaire, soit meurtrière. Les adultes qui se risquent à cet exercice sont pris pour des fous. C'est par contre l'apanage des petits enfants que de livrer à ciel ouvert des pensées apparemment innocentes.

> Son papa emmène pour la première fois *Adrien*, 5 ans, à son bureau. Ses collègues femmes sont en admiration devant ce beau petit garçon si gentil. On lui donne des feutres et il se met à dessiner. « Qu'as-tu fait ? » demande une brave dame qui pourrait être sa grand-mère. « Je dessine une dame qui pleure », rétorque Adrien. Et tout à trac : « Ce matin, Papa a fait pleurer Maman ! » Le père ne sait plus où se mettre. « Cet enfant me fera pendre ! » dit-il, et Adrien se demande quelle faute il a commise. Ne lui a-t-on pas demandé de dire toujours la vérité ?

Cette courte vignette montre que très tôt l'enfant apprend que toute vérité n'est pas (forcément) bonne à dire. Et que, si l'on veut être accepté sinon être aimé, il convient littéralement de censurer son discours. Ceci est tellement vrai qu'après quatre ou cinq ans l'enfant comprend qu'il ne fait plus rire les adultes. Cette période correspond à un apprentissage parfois douloureux, mais nécessaire comme tout apprentissage. Le grand Sigmund Freud appelait ce stade la période de *latence*. Par là il voulait signifier la terminaison de cette sexualité infantile racontée au chapitre 5. Jacques Lacan, le psychanalyste français bien connu, contestait cette prétendue terminaison. Si l'enfant semble calmé, disait-il, c'est plutôt parce qu'il a compris qu'il valait mieux ne pas parler de certaines choses si on voulait avoir la paix. Ce silence se rompt ensuite à la puberté et on préfère alors parler aux copains plutôt qu'aux parents. Ces derniers savent, s'ils se rappellent leur adolescence, qu'il ne faut pas tout dire aux parents.

Certains enfants prétendent à cor et à cri tout dire à leur mère. Ils n'ont pas de secret pour elle et protestent quand le psychologue veut les entendre seuls : ils n'ont rien à cacher, rien à se reprocher. Paradoxalement, ce sont ces enfants-là qui semblent avoir des problèmes. Certes, ces allégations sont touchantes et on ne saurait en toute conscience les critiquer. Mais une telle prétention à la transparence apparaît presque suspecte. Ne serait-ce que parce que l'enfant « normal » comprend qu'il est un être à part entière et que ses préoccupations concernant sa mère, par exemple, ne peuvent être dévoilées devant celle-ci sans devenir du même coup caduques.

De leur côté, les parents sont contraints par leur devoir éducatif lui-même de ne pas *tout dire* à l'enfant, voire de cacher certaines choses ou d'en transformer d'autres. Que penser de ces adultes qui prennent leur enfant comme confident, lui racontent leur vie intime, voire sexuelle, sous prétexte d'éviter les secrets ? Ces parents font jouer à leur enfant le rôle d'un psychanalyste. Ils sont anxieux et déversent leur anxiété sur le premier interlocuteur qu'ils ont à leur disposition : l'enfant. Il vaudrait mieux qu'ils parlent à un spécialiste parce que ce discours angoissé transmet leur angoisse à l'interlocuteur.

Si l'expression « parler fait du bien » a un sens, c'est bien celui-là : le fait de parler à quelqu'un permet de prendre de la distance avec le contenu de ce qui est dit et d'en libérer le sens caché et anxiogène. C'est pour cela d'ailleurs que le psychanalyste subit d'abord lui-même une cure avant de pouvoir entendre ses patients. Cette psychanalyse préalable lui permet de se comprendre suffisamment pour ne pas être trop angoissé lui-même par ce qu'il écoute chez son interlocuteur.

Certaines personnes qui ne savent pas qu'elles ont besoin d'une analyse parlent à qui veut les entendre. Il arrive qu'elles tombent sur une âme charitable qui a autant besoin de les écouter qu'elles de parler. Mais c'est le plus souvent l'enfant qui fait les frais de cette demande thérapeutique déguisée.

Ces explications sur les dangers de tout dire, pour l'adulte comme pour l'enfant, et sur le véritable apprentissage à se taire que doit faire l'enfant nous éloignent apparemment des méfaits du mensonge. Quand on y réfléchit, le mensonge est souvent provoqué par l'adulte qui oblige justement l'enfant à parler, ne supporte pas qu'il se taise et le pousse dans ses retranchements. Et si on laissait à l'enfant le droit de garder le silence, comme on lui a pourtant appris à le faire, bien des mensonges seraient évités. Mais voilà, il faut croire que pour les adultes le silence est encore pire que le mensonge. Si bien que l'enfant est parfois obligé d'inventer pour échapper à l'inquisition et avoir la paix. On sait bien l'inutilité du mensonge d'enfant. Tôt ou tard on saura la vérité. Alors à quoi sert-il? Sans doute à gagner du temps.

Ainsi en est-il du mensonge sur les notes obtenues en classe. Mensonge par omission, mensonge délibéré, voire falsification du bulletin de notes ou subtilisation du courrier, tout finira par se savoir un jour ou l'autre et l'enfant le sait bien. S'il ment, c'est donc pour conjurer le sort par une sorte d'acte magique qui revient en somme à se mentir à soi-même.

Les parents supportent mal le mensonge. Même quand ils l'ont provoqué, ils le vivent comme une atteinte personnelle parce qu'il remet en cause l'image qu'ils se font de leur autorité. Ils sont blessés dans leur amour propre. Or, le mensonge, lui aussi, remet en cause le lien qu'ils ont avec leur enfant. C'est une barrière parfois fragile, interposée entre eux et lui. Barrière qu'il faut cependant forcer quand elle risque de nuire à l'intéressé.

Depuis quelques semaines, *Laurent*, 13 ans, se plaint de douleurs abdominales pratiquement tous les matins. Le médecin généraliste a d'abord suspecté une appendicite chronique parce que ces douleurs s'accompagnaient de nausées, mais il n'y avait pas de fièvre et l'examen de sang était normal. Il a ensuite pensé à une irritation du colon et a même fait pratiquer une radiographie avec un produit de contraste, mais elle est revenue négative. Cependant, comme par enchantement, ces douleurs disparaissent pendant les vacances. On a pensé alors à une cause psychologique. Or, les parents de Laurent ne savent pas vers quoi s'orienter : Laurent travaille bien, s'entend bien avec sa sœur, a des amis. Ils le questionnent en douceur, le mettent en confiance, lui proposent de parler avec son parrain, qui est psychanalyste, mais sans aucun résultat. Laurent sourit gentiment et assure avec une conviction contagieuse que tout va bien. Pourtant, son meilleur ami s'inquiète lui aussi : Laurent reste sur la réserve, refuse parfois de l'accompagner au cinéma, semble souvent distrait. De plus, depuis quelque temps, il a du mal à s'endormir. Sa mère l'a surpris dans sa salle de bains en train de prendre son somnifère. Les parents craignent un début de dépression en rapport peut-être avec la puberté, mais Laurent refuse toujours de consulter. Un matin, au moment d'aller faire ses courses, sa mère ne trouve pas le billet de banque laissé par son mari. Elle se rappelle alors que depuis quelque temps elle avait constaté avoir moins d'argent qu'elle croyait en avoir mis dans son porte-monnaie qu'elle ne laissait plus traîner comme d'ordinaire. Elle en parle à son mari. Passé un moment de dénégation, ils se rendent à l'évidence : ce vol ne peut être commis que par Laurent, aussi incroyable que cela paraisse chez un adolescent aussi rangé et sérieux. Balayant leurs scrupules, ils le prennent à part un soir et lui disent leurs inquiétudes. Comme Laurent nie contre toute évidence et fait mine de sortir de la pièce, ils haussent le ton et le retiennent. Laurent s'effondre alors en larmes et avoue tout. Depuis plusieurs mois, il est rackетté sur le chemin du collège par des individus à qui il a eu le malheur de répondre un jour qu'ils lui avaient adressé la parole. Au début, il ne s'était pas méfié. Peut-être flatté par l'intérêt dont il croyait être l'objet, il avait même accepté des cigarettes et puis, tenté par l'attrait de l'interdit, avait fumé du cannabis avec eux. Depuis c'était le cauchemar. Menaçant de le dénoncer, ils réclamaient chaque semaine de l'argent. Terrorisé autant par les menaces de ses persécuteurs que par l'idée d'avouer à ses parents, Laurent s'était enfermé lui-même dans un enfer. Bien entendu, ses parents, émus par son récit, lui pardonnent mais se demandent pourquoi ils n'ont pas mérité sa confiance. Laurent leur explique qu'il voulait se sortir par lui-même du mauvais pas dans lequel il s'était mis et qu'il avait peur de les inquiéter.

Le mensonge est loin d'être univoque et l'idée de *protéger les parents*, voire de les défendre, est loin d'être rare, contrairement à ce qu'on pourrait penser.

*Julie* est très liée à sa mère qui l'élève seule. Elle n'aime

> pas aller chez son père qui s'est remarié. Elle ne supporte pas sa belle-mère et c'est réciproque. Elle a l'impression que son père ne l'aime plus et a les larmes aux yeux quand on lui parle de lui. Elle ne comprend pas pourquoi son père a préféré cette femme à sa mère. Quand elle va chez lui, elle essaie de rendre sa belle-mère jalouse de sa mère en racontant que sa mère sort beaucoup, qu'elle fait de somptueux voyages grâce aux largesses de son nouvel ami, etc. Or, la réalité est fort différente, sa mère est dépressive et l'ami en question est lui-même marié.

Il n'est pas facile avec ces exemples de se faire une idée de la sanction à opposer au mensonge. Ce dernier confine à la fabulation, qui est en somme une manière de se « raconter des histoires » et dont on comprend ici la nécessité. Le même genre de nécessité préside aussi sans doute aux mensonges des parents.

> Tels parents, par exemple, soucieux d'emmener leur enfant consulter un psychologue, mais incapables de lui dire pourquoi, inventent n'importe quoi pour être sûrs qu'il les suive. Telle adolescente se voyait promettre un examen d'orientation professionnelle, tel enfant un rendez-vous chez le médecin pour une vaccination hypothétique. Ils en rient parfois avec le psychologue en question. Le mensonge des parents confine alors à la manipulation et trahit leur désir naïf d'aider leur enfant. Le plus amusant, c'est que l'enfant n'est pas dupe. Et sa docilité contredit l'appréhension parentale plus puérile que blâ-

mable. Tel parent qui accepte de consulter un pédopsychiatre prend à témoin ses collègues de bureau : « Figurez-vous que le médecin m'a fait sortir de son bureau pour demander son avis à mon gosse ! » Tel autre raconte sa visite à un ami qui lui a conseillé un psychologue : « C'était bien, la psy était sympa. Il y a tout de même une chose qui m'a inquiété ; remarque, c'était peut-être pour impressionner le client : il y avait un livre de Freud posé en évidence sur le bureau. » Il faut avouer que les enfants sont moins empruntés que leurs parents et n'ont pas leurs réticences. Ils s'inquiètent de leur inquiétude : « Je me demande pourquoi ils ont voulu me cacher qu'ils m'emmenaient voir un psy. Mes copains y vont tous ! »

Je ne voudrais pas toutefois que le lecteur ait l'impression que je renvoie enfants et parents qui mentent dos à dos. Le mensonge est à sanctionner certes, mais il faut bien avouer qu'il n'existe pas dans certaines familles alors qu'il est presque monnaie courante dans d'autres. Telle cette famille dont j'ai raconté que pour obtenir satisfaction, les parents demandaient à l'enfant l'inverse de ce qu'ils voulaient, car l'enfant s'opposait systématiquement à eux ! Le mensonge n'est pas à encourager, et il faudrait que les parents donnent l'exemple !

### *Fais ce que je dis, ne fais pas ce que je fais*

Le père de Patrick, celui de Joël aussi, m'avouent tous les deux les raisons de leur étrange indulgence (chap. 3).

Ils ont eu tous les deux le même comportement que leur enfant (qui ne le savent pas) et sont bien embarrassés pour les sanctionner. Quand ils le font, parfois poussés à bout par le caractère provocateur des forfaits de leur fils, c'est presque contre eux-mêmes qu'ils se battent et c'est en ce sens qu'il faut comprendre leurs réactions.

> *Patrick* sait qu'il a atteint la limite quand son père pose son ceinturon sur la cheminée de sa chambre. Certes, son père ne s'en est servi qu'une fois mémorable, mais cela a servi d'exemple. Il n'est pas violent de nature, mais c'est plus fort que lui. Devant certains comportements de Patrick, il est *hors de lui*. Ceci est à la mesure de l'énorme effort qu'il a fait pour maîtriser en lui-même l'envie de tout casser. Ce que lui renvoie Patrick, c'est sa propre image, ou plutôt celle qu'il refuse et il ne peut le supporter. Sans savoir tout cela, Patrick le comprend néanmoins et donne raison à son père. Cette réaction est courante et rend le travail du psychologue particulièrement difficile pour que le jeune comprenne pourquoi il agit ainsi.

Ce qui est inconscient pour l'adolescent qui répète sans le savoir ce que faisait son père au même âge est conscient chez le père, d'où, chez lui, ce mélange de tolérance et d'exaspération. La devise de ces pères pourrait être, à l'adresse de leur fils : « Sois ce que je suis devenu, mais ne fais pas ce que j'ai fait. » De plus, ils ont tellement peur de ne pas se faire obéir qu'ils cachent, ou tentent de cacher le comportement qu'ils ont eu adolescents. Les épouses, qui sont au courant, ne leur reconnaissent pas souvent le droit de sévir, ou font mine de craindre leur violence. L'ensemble aboutit à une complicité de la mère avec son garçon, à une entente tacite à l'insu du père qui n'y voit souvent que du feu. L'autorité vient en fait de la mère mais celle-ci sait suffisamment déjouer les affrontements de l'adolescence pour en éviter les inconvénients. Ce schéma, si on n'y prend pas garde, peut conduire à la délinquance, seule façon pour le futur homme d'échapper à cette logique maternelle et de s'affronter à une loi dès lors extérieure, celle de la société.

Dans ce cas, l'attitude du père s'explique par un sentiment de culpabilité qui l'empêche de punir un enfant dans lequel il se reconnaît et aux yeux duquel il tente d'apparaître respectable. Mais cette apparence est difficile à maintenir quand la défaillance du père s'étale aux yeux de tous. Son infériorité justifie malheureusement sa disgrâce familiale ou sociale, même quand celle-ci est contingente. C'est ainsi que le chômage contribue de nos jours à la détérioration d'une image qui n'avait pas besoin de cela pour décliner encore. On se rappelle l'humiliation du père de S. Freud, qui raconta à son fils qu'un chrétien lui avait jeté son chapeau par terre en lui disant de descendre du trottoir. Freud, nous dit-on, perdit beaucoup d'estime pour son père ce jour-là. Plus prosaïquement, l'aura du père faiblit sérieusement si celui-ci se fait arrêter par un policier pour une infraction banale commise en compagnie de son fils. De nos jours, l'autorité familiale du père semble tributaire son influence sociale. Cela risque de donner à l'enfant une piètre idée de l'éducation, mais certains pères et même certains enfants résistent.

> *Damien*, 14 ans, travaille mal en classe. Ses parents ne s'entendent pas et son père est au chômage. La mère a décidé de reprendre un travail de gérante dans le magasin qu'elle possède. Au cours des disputes, elle accuse parfois son mari de se « faire entretenir ». Celui-ci, présent quand il le faut pour s'occuper de son fils, l'emmène souvent en fin de semaine à la pêche. Les difficultés scolaires de Damien paraissent liées à une sorte de soutien implicite à son père : « Puisque tu juges que c'est mal d'être au chômage, semble-t-il dire à sa mère, je me mets au chômage moi aussi. » Cette sorte de grève lui permet aussi de ne pas être supérieur à ce père qu'il aime et admire.

Il est difficile d'obtenir d'autrui ce qu'on ne peut s'imposer à soi-même, par exemple interdire à ses enfants de fumer si on fume soi-même. Mais cette remarque est dangereuse. Son extension à d'autres comportements peut même être catastrophique, car elle nie tout simplement la différence d'âge et pervertit le principe de l'éducation. Il n'y a plus d'éducation en effet si règne sur la famille l'égalité démocratique. Or, cette pseudo-égalité ne reconnaît ni l'expérience, ni l'apprentissage, ni la séparation des rôles. Ces pères qui se voient dans leur garçon ne devraient pas avoir honte de leur passé. Après tout, ils l'ont surmonté. L'enfant a besoin de sentir dans son père une détermination solide et sans complexe. C'est le symbole de cette détermination, symbole par excellence, que le père pose sous la forme du ceinturon sur la cheminée. Ce n'est pas lui qui le détient, car en tant que symbole il ne lui appartient pas. Celui-ci, en effet, témoigne d'un ordre nécessaire qui dépasse l'individu, et c'est d'ailleurs à ce symbole que l'enfant obéit lui aussi !

# VIII

## La contrainte éducative

Le fait d'interdire, celui de punir, ne résument pas heureusement l'éducation. Certains éducateurs ont d'ailleurs prôné une éducation sans interdit : ils en sont revenus. Les parents qui s'y étaient risqués également. Pourquoi ? Je pourrais ainsi résumer la réponse de ce livre : parce qu'**une éducation sans interdit nie la différence des générations.** L'interdit, en effet, n'a pas le même sens pour l'adulte que pour l'enfant. Pour l'adulte, l'absence d'interdit a le sens de *liberté*. Pour l'enfant, cette absence lui fait tout simplement courir des dangers. Gandhi lui-même disait d'ailleurs que la non-violence avait ses limites précisément quand la vie de l'enfant était en danger. Je viens de mettre en parallèle violence et interdit comme s'ils étaient liés : c'est bien parce que je raisonne en adulte. Bien entendu, on pourrait imaginer une éducation faite uniquement d'interdits : ce serait violent, il suffit de se rappeler *Poil de Carotte*. Aussi, l'interdit doit faire partie de l'éducation qui comprend l'ensemble des moyens contribuant à la formation et au développement de l'être humain : autant la pédagogie que l'apprentissage ou l'information d'une part, mais aussi tout ce qui participe du développement physique, intellectuel, affectif, moral, spirituel.

### *L'interdit, l'éducation et la transmission familiale*

Nul doute que le milieu familial répond le mieux à cette mission qui intègre aussi bien les faits de nourrir et de vêtir, qu'accompagner, parler ou aimer. Aucun de ces aspects ne peut être isolé et le manque d'un seul entraîne des carences diverses. L'interdit en tant que parole indispensable en fait partie et s'étaye sur les autres. L'enfant se construit d'une part grâce à ce qu'on lui donne, mais aussi ce qu'on lui *refuse*. Très vite, il imite l'adulte, veut être comme lui, avoir ce qu'il a, mais aussi s'en distingue et s'invente un destin. Parmi les tâches impossibles à l'homme, S. Freud regroupait : gouverner, psychanalyser et éduquer. Cette dernière tâche comprend tant de *contraintes* qu'on pourrait se demander ce qui pousse l'être humain à avoir des enfants, si l'on ne savait que le fait de survivre par sa descendance ne venait balayer toutes les réticences. C'est dans cette survie que règne l'idée de la *transmission*, transmission des gènes évidemment, mais surtout transmission des idéaux. Or, l'éducation est l'instrument de cette transmission. Certaines familles mettent tous les efforts dans cette transmission et ne réussissent pas trop mal, dans la mesure où l'éducation mérite beaucoup de temps et de patience. C'est le cas notamment de certaines familles traditionalistes dans lesquelles tout est fait pour que les enfants puissent transmettre le flambeau de la foi ou du progrès.

*Jeannette* est la fille de militants communistes. Son prénom a été choisi dans l'esprit d'une fidélité au Parti. Les choses ont bien changé depuis l'époque de sa naissance. Mais les parents restent fidèles à cet idéal de vie. Malgré ses difficultés, il n'est pas question que Jeannette aille à l'école libre. C'est contraire aux principes de ses parents, qui restent cependant ouverts aux apports extérieurs. Mais cette ouverture est soumise à l'idée d'une culture populaire dans laquelle entre cependant la psychanalyse. Jeannette doit partir en vacances. Elle ira dans une colonie associative. À vrai dire, le rêve des parents c'est qu'elle intègre le plus rapidement possible les Jeunesses Communistes.

*Louis* est né dans un milieu catholique. Les parents sont très pratiquants, mais de tous leurs nombreux enfants, seul Louis semble adhérer à leur idéal. Cette adhésion est même tellement intense que les parents s'en inquiètent. Louis est enfant de chœur, chef scout, fait partie d'une chorale et gère très bien ces différentes activités. Il s'entend particulièrement bien avec sa grand-mère paternelle qui est le personnage important de la famille. Amie d'un archevêque, productrice d'émissions religieuses, cette jeune et dynamique grand-mère se retrouve dans le petit-fils qui fait parfois la leçon à ses parents.

Mais souvent cette transmission fait problème. D'une part, en effet, certains enfants ne suivent pas la tradition familiale, ou bien présentent des symptômes qui traduisent en fait un refus de la filiation, les deux termes de cette alternative étant d'ailleurs souvent confondus. C'est parce qu'ils ne veulent pas suivre l'idéal familial que certains enfants ont des perturbations qui touchent la scolarité ou le comportement. Et de toutes façons, tout trouble scolaire remet en cause pour certains parents, et sans qu'ils se l'avouent, le problème de l'héritage spirituel ou matériel qu'ils réservaient à leurs enfants. C'est pourquoi il faut faire la part, dans les troubles que présente l'enfant, entre un refus inconscient de cet héritage et un problème d'apprentissage spécifique. Cette tâche n'est pas facile, et le poids des vœux parentaux souvent cachés pèse sur l'avenir de leur progéniture.

Les parents, soucieux de la transmission, devraient s'intéresser autant à la carte génétique qu'au poids de l'inconscient familial. Car si certains adultes pensent pouvoir infléchir leur destin selon leur volonté – ce qui reste rare et unique – cette inflexion devient problématique quand il s'agit d'enfants. À partir du moment où ils donnent naissance à un nouvel être, les parents multiplient non seulement leurs propres gènes, mais les potentialités non encore exprimées de leurs ascendants. C'est le miracle de la création. Une création qui échappe, elle aussi, aux créateurs. Dès lors se crée entre l'enfant et ses géniteurs un fossé que l'éducation s'efforce de combler. Mais cet effort doit tenir compte de l'héritage inconscient qu'apportent avec eux sans le savoir les deux époux. Ils vont dès la naissance du premier enfant confronter leurs cultures parfois différentes et devoir reconnaître sa double filiation.

*Ève*, 18 ans, est née d'un père kabyle devenu avocat français et d'une mère juive. Elle a fait plusieurs psychothérapies et s'entend très mal avec ses parents. Elle a des problèmes scolaires qu'elle attribue à la jalousie de ses camarades et cherche l'affrontement avec ses parents. La mère croit bien comprendre sa fille qu'elle accompagne chez le psychanalyste. Le père est décontenancé : il est coopérant mais reconnaît son impuissance. Si sa fille était née en Algérie d'une mère kabyle, il aurait pu agir en fonction de ce que lui ont appris ses parents et sévir comme il l'entendait. Ici en France, il est décontenancé. D'abord sa femme en sait plus que lui sur le plan de l'éducation, elle est psychologue. Ensuite, il n'est pas chez lui, et en France les mœurs sont différentes. Ah, certes, s'il était en Kabylie, sa fille serait élevée autrement. Mais ici, il l'avoue, il a renoncé. Ce décalage entre les parents d'Ève explique en grande partie son malaise, elle qui voudrait fuir sa famille sans en avoir vraiment envie.

Si dans certains cas privilégiés la transmission ne fait pas de difficultés, les enfants suivant les traces des parents comme on dit, il arrive, même dans ce type de famille, qu'un des enfants par exemple fasse exception. Cette exception peut traduire un problème de génération, mais il faut être très prudent dans ce genre de supposition. D'abord parce que, si problème il y a, il n'est pas conscient et maîtrisable, d'autre part parce que, par définition, ces hypothèses sont conjecturales. Toujours est-il que ces défauts de transmission, imputables ou non à la qualité de l'éducation, sont soumis à la sagacité des psys de tout poil qui risquent de ce fait de prendre dans la perspective éducative une importance qu'on ne peut nier aujourd'hui. Or, cette influence dont je ne saurais nier le côté bénéfique, est soumise aux mêmes aléas que la transmission elle-même. La parole du psy est en effet transformée, modifiée en fonction du désir de celui qui l'accapare. Et, à moins – ce que je souhaite – qu'elle fasse œuvre de tiers, elle risque d'être utilisée comme argument de poids en faveur de l'un ou l'autre des partenaires de l'œuvre éducative. Or, cette utilisation, ou plutôt cette récupération, est la pire des choses qui soit en matière éducative. La psychanalyse mal comprise peut jouer le rôle d'un argument pour ou contre, jeté à la face d'un des deux parents en cas de divorce par exemple, ce qui est un emploi tout simplement dénaturé d'une science qui vise à l'épanouissement de l'individu.

### *L'enfant bien élevé*

Il est curieux qu'une réussite aussi complexe que celle de l'éducation puisse se réduire dans le langage à ce qui est l'apparence même : la politesse. Mais cela n'est peut-être pas aussi paradoxal qu'il y paraît.

> *Arthur*, 12 ans et demi, a l'air renfrogné des adolescents moroses. Il n'est pas dépressif, mais revenu de tout. Il n'a envie de rien et ne fait pratiquement rien en classe, même en maths, la seule matière qu'il aime. Bien

entendu, il refuse toute aide sous le prétexte qu'il n'en a pas envie. Ses parents sont divorcés. Son père connaît très peu sa propre famille car sa mère l'a abandonné pour partir avec un ami qui faisait la guerre d'Algérie. À ce moment-là il a été recueilli par ses grands-parents paternels. La mère d'Arthur, secrétaire, l'élève seule et aux dires du père, est très possessive. Elle non plus ne voit plus sa famille et s'est rabattue sur Arthur qui la désespère. Elle a pourtant prévenu ses moindres désirs, n'a jamais entrepris quoi que ce soit pour lui sans lui demander explicitement ce qu'il voulait ou ce dont il avait envie. Elle le connaît si bien qu'elle prévient : « Méfiez-vous s'il dit oui, il ne va pas persévérer. » Il refuse de partir en colonie de vacances, exige de l'accompagner aux sports d'hiver, mais ne fait pas de ski et reste à fumer à l'hôtel. Faut-il ajouter qu'Arthur ne dit ni bonjour, ni au revoir, ne s'excuse pas quand il bouscule quelqu'un, mange paraît-il comme un cochon. Depuis la rentrée cependant, il est amoureux, ça le rend rêveur et il reste prostré dans sa chambre à écouter de la musique. C'est toujours Marie qui l'appelle, il ne ferait jamais d'effort pour lui manifester ses sentiments.

C'est dans tous les sens du terme qu'Arthur est mal élevé. Enfant roi, il a toujours pensé que tout lui était dû. On perçoit que le réveil risque d'être brutal. À moins qu'habitué à la facilité et incapable de travailler, Arthur verse dans la délinquance, ce qui est la hantise justifiée de sa mère.

Cet exemple montre *a contrario* que la bonne éducation forme un tout. Il est des cas, cependant, où des enfants apparemment heureux et ne manquant de rien sont incapables de toute *politesse*. Tout simplement parce qu'on ne leur a pas appris.

> *Florence*, jolie adolescente de 14 ans, est née dans un milieu aisé et cultivé. Son comportement détonne d'autant. Elle non plus ne sait pas dire bonjour et ignore les invités. Elle se tient mal ou de façon vulgaire. Cela irrite parfois sa mère mais fait rire son père. Celui-ci, en effet, refuse que l'on « dresse » sa fille, dit-il. Il trouve que la politesse n'est qu'hypocrisie. La clef du problème se trouve dans sa propre éducation. Son père était militaire, n'acceptait pas qu'il parle à table, exigeait qu'il demandât la permission pour tout, ne tolérait pas une minute de retard. Il fallait se tenir droit à table, poser ses avant-bras à mi-longueur, fermer la bouche en mangeant, poser ses couverts parallèlement dans l'assiette, etc. À l'adolescence, le père de Florence a tout envoyé promener, a pris ses repas à la cuisine et s'est définitivement fâché avec son père. Sa femme essaie de le comprendre et se demande à juste titre si le comportement de Florence n'est pas une façon de s'opposer à elle et de s'identifier à son père.

Ce que les parents de Florence font mine de ne pas savoir, c'est que l'éducation des parents vaut infiniment mieux que l'éducation par la société. Cette dernière, en effet, réagit selon des codes qu'il vaut mieux connaître si l'on veut sortir du strict milieu familial. Si on ne possède pas ces codes que seule la famille, parfois éloignée, peut apprendre, on risque de commettre des bévues, de se faire rabrouer sans même savoir pourquoi et le prix à payer est infiniment plus cher que celui de l'apprentissage. Or, les transports en commun, le train en particulier, nous offrent souvent le spectacle de ces parents qui, sous des dehors charmants, étalent leur agressivité par bambins interposés et rient de les voir écraser les pieds de la vieille dame assise en face ou de laisser tomber leur esquimau sur le veston du monsieur cravaté. Si l'enfant est une assurance contre la mort, il peut être aussi la revanche que l'on prend sur le destin. Un tel enfant n'est pas un être heureux, car il est en fait le représentant du narcissisme de ses parents. Il croit leur faire plaisir en les faisant rire, alors que ceux-ci règlent leurs comptes.

Les règles de politesse font partie d'un code nécessaire à la vie en société. Aujourd'hui beaucoup de parents négligent de les inculquer à leurs enfants pour « ne pas les embêter avec ça », oubliant que, de même qu'un certain nombre d'apprentissages, ceux de la vie en société ne se font pas aisément passé un certain âge, tandis que savoir tenir compte de l'autre, être poli ou rendre service deviennent des réflexes s'ils sont intégrés avant l'adolescence. À l'inverse, la focalisation extrême des parents sur la politesse peut être elle aussi un excès – à vrai dire suranné de nos jours.

*Lucile* est en sixième. Elle a 11 ans et demi et se plaint que, depuis qu'il a créé sa société, son père ne s'occupe plus d'elle. La maman confirme et reprend à son compte cette revendication. Elle a peut-être d'autres raisons que Lucile d'être mécontente : son mari ne parle plus que de sa nouvelle secrétaire, une femme de tête qui l'aide beaucoup. Lucile pense que son père l'aime mais qu'il ne fait pas attention à elle, sauf pour lui faire des remarques sur sa tenue ou sa façon de parler. Elle répète en pleurant : « Il faut que je sois une petite fille élégante. » Le père accepte cependant de discuter du problème pendant deux heures avec sa femme. Il reconnaît les faits et avoue : « Je ne suis pas un bon père. » Il dit être « un papa autoritaire », mais ne voit pas où est le problème. Son discours est le suivant : il faut respecter les autres et se faire respecter, savoir ce que la politesse signifie. En réalité, il sait aussi faire des câlins mais trouve que sa femme est trop laxiste.

Ce dernier exemple insiste encore une fois sur la nécessité d'une bonne entente des parents pour faire passer le message éducatif, et ce sont les milieux traditionnels où les couples sont particulièrement soudés qui parviennent le mieux à transmettre leurs valeurs. Cela se fait parfois au prix de certaines souffrances ultérieures. Tout se passe comme si la transmission, en effet, était globale. La tâche éducative a du mal à rimer avec la nécessité d'une séparation d'avec les parents. C'est pourquoi l'éducation et son symbole qu'est la politesse sont souvent remis en cause au moment de la crise d'adolescence.

*Virgile*, 14 ans, a des parents qui s'entendent très bien. Son père cependant aurait largement l'âge d'être son grand-père. C'est un homme au passé prestigieux, grand bourlingueur qui a été très absent pendant l'enfance de Virgile. Sa mère, en revanche, est très jeune. Elle est bouleversée du changement qui s'opère chez son fils depuis un certain temps. Au lieu de prendre du recul, elle ne veut pas céder. La nuit dernière, elle l'a interrogé pendant plusieurs heures pour savoir d'où provenait le tee-shirt luxueux que portait Virgile. Celui-ci dit ne pas supporter cette intrusion maternelle et menace de fuguer en invectivant la mère devant le père qui n'intervient guère. Il faut dire qu'avec lui Virgile se tient bien. Il l'accompagne à la messe et ils discutent tennis. Et celui-ci comme de nombreux pères laisse l'enfant maltraiter la mère sans s'interposer, probablement parce que lui-même n'ose pas assumer un conflit tout autre avec elle.

Le secret d'une bonne éducation réside peut-être dans la *façon* dont les parents l'inculquent à leurs enfants. Elle ne doit pas apparaître comme leur bon vouloir à eux, mais la transmission acceptée de valeurs choisies. Et surtout l'aspect contraignant ne doit pas être vécu négativement par les parents eux-mêmes, sans quoi l'enfant refusera tout en bloc. La contrainte n'est acceptable en effet que si elle apporte des avantages. Si les parents présentent la politesse par exemple comme pure contrainte, celle-ci sera refusée. De la même façon, tout désir trop manifeste des parents sera vécu comme une tentative d'emprise et non une volonté désintéressée. Il arrive parfois que les parents soient tellement angoissés par la crainte de ne pas réussir leur éducation qu'ils ont beaucoup de mal à faire passer leur message. Ils devraient être plus confiants. L'enfant est d'une grande plasticité, il ne demande qu'à ressembler aux adultes qu'il aime et est prêt à accepter toutes les contraintes pour être sûr d'être aimé.

## *Les erreurs éducatives*

Il est difficile de parler d'erreurs éducatives, car cela impliquerait une norme qu'il est difficile de définir. Toutefois, un certain type d'attitude des parents va à l'encontre du but recherché et c'est ce que je voudrais souligner ici.

> *Ludovic* était odieux petit. Il se roulait dans les flaques d'eau par exemple, n'obéissait jamais, répondait à sa mère. Cela avait commencé dès nourrisson : lorsque sa mère sortait de la pièce après les tétées, il se mettait à hurler. Ensuite, chez l'assistante maternelle, il faisait des caprices. Actuellement, les amis des parents leur font des remarques et vont même jusqu'à refuser de partir en vacances avec eux. À 12 ans, Ludovic a des problèmes de sommeil. Il a du mal à s'endormir. Il a aussi des moments de cafard où il s'ennuie, prend un livre, mais n'arrive pas à se fixer sur ce qu'il lit. Il a des problèmes avec son petit frère plus jeune de trois ans. Ludovic semble triste, mais on n'arrive pas à le cerner et lui-même n'a rien de précis à dire sur les origines de son malaise. C'est le père qui me donnera des indications intéressantes sur la façon dont il l'éduque. À vrai dire, son père ne se reconnaît nullement en Ludovic.

> Brillant ingénieur, il le trouve superficiel, bébé et pas très intelligent. Il a du mal à dire cela, car il a honte de lui. Il lui arrive de le provoquer en répondant volontairement à côté à ses questions : Ludovic ne sent pas le piège. Ou encore, il essaie de le tester en permanence et c'est toujours au désavantage de Ludovic : « Quand je juge une phrase bête, je ne la laisse pas passer », ajoute-t-il. Il a conscience de ne pas lui rendre service, mais il ne voit pas comment le prendre. Je ne sais pas pour ma part s'il y a un lien entre l'attitude du père et les difficultés de Ludovic. Le fait de parler avec lui, la prescription d'un examen psychologique qui montrera une intelligence supérieure à la normale chez Ludovic, vont désamorcer le cercle vicieux et permettre à ce dernier d'évoluer.
>
> Sans s'en rendre compte, le père de Ludovic avait avec lui une attitude inconsciemment sadique. C'est plus tard qu'il s'est rappelé qu'il avait été très jaloux à sa naissance parce que sa femme était devenue exclusivement mère à partir de ce jour-là.

En fait, ce père avait une conscience obscure que ses dispositions à l'égard de son fils n'étaient pas claires et il ressentait un agacement certain quand il discutait avec lui. Mais il ne savait pas que cela pouvait correspondre inconsciemment à un tel rejet.

Parfois, au contraire – mais cela était aussi présent chez le père de Ludovic – c'est *l'angoisse* qui pousse les parents à avoir des comportements franchement et innocemment sadiques.

Les parents de *Sébastien* (chapitre 1) ont entendu mes conseils, disent-ils. Ils ont compris que les parents devaient discuter entre eux pour l'élever, et que l'enfant devait comprendre que l'ordre qu'on lui donnait ne venait pas exclusivement du père ou de la mère, mais des deux. « Alors, m'explique un jour le père, ça marche très bien. On fait une sorte de jeu de rôle avec lui. » Comme je m'étonne quelque peu, il m'explique le scénario. « Quand l'un d'entre nous est seul avec lui, me dit-il, il lui raconte qu'il a discuté avec l'autre parent (même si ce n'est pas vrai) de ce qu'il fallait autoriser ou non, et comme ça Ludovic obéit. »

Mais Sébastien se plaint que son père lui « fasse des blagues » et il me le dit avec une voix éraillée d'angoisse et de colère mêlées. Sébastien souffre en effet d'une angoisse de séparation et hurle de terreur à l'idée d'être abandonné. Il ne supporte pas qu'on le laisse seul, même un instant, dans la voiture. Aussi, le père se cache-t-il derrière l'automobile pour voir les réactions de Sébastien et tenter de cette façon de l'aguerrir. Car cet ingénieur est lui-même angoissé par l'angoisse de Sébastien. Il n'y comprend rien, cela dépasse tellement les explications rationnelles qu'il se demande comment son fils peut être comme ça. Sa réaction est à la mesure de son impuissance. « Pourquoi Papa me fait peur ? » demande Sébastien.

Les parents doivent comprendre qu'ils ont le droit d'être dépassés avec leur enfant, ne serait-ce que parce qu'ils font partie malgré eux du malaise de l'enfant. Il vaut mieux alors demander l'avis d'un « docteur qui ne fait pas de piqûres mais parle aux enfants » que d'essayer de les tester eux-mêmes. De la même façon, il importe de ne pas mentir à l'enfant. Comment rendre la vérité crédible si l'enfant sait que ses parents lui ont déjà menti ? Or, l'enfant saura pratiquement toujours que ses parents lui ont menti, et cela va à l'encontre de toute démarche éducative. **On peut, on doit même ne pas tout dire à un enfant, on peut aussi répondre le plus simplement du monde à ses questions.** À ce propos, signalons que les questions répétitives et sans fin, une réponse appelant une nouvelle question, témoignent d'une vraie question cachée que l'enfant n'ose pas (ou plus) poser à ses parents.

La punition elle-même ne doit pas être entachée de mensonge ou de ruse si l'on veut éviter qu'elle ait des effets malsains.

> *Michel*, 3 ans, est insupportable. Même les fessées ne viennent pas à bout d'un comportement difficile à tolérer. Les menaces n'ont guère d'effet non plus. Alors voilà le stratagème qu'a trouvé son père. Il dit qu'on va faire appel au grand méchant loup et va dans la pièce d'à côté. Il en revient à quatre pattes, affublé d'un masque en carton. Michel qui ne devine pas que son père est derrière le masque, se met à hurler et se calme pour un temps. Le loup repart quitter son masque et le père revient souriant.

Cette histoire terrible montre que l'autorité vient toujours de l'autre. Cet autre, ce peut être son mari pour la mère. Ici on voit que le père de Michel est assez peu assuré de sa propre autorité (sur son fils ? sur son épouse ?) pour être obligé d'inventer le fameux père fouettard, et même de le jouer. Ici encore, l'impuissance que les parents ressentent devant l'enfant a quelque chose de terriblement angoissant pour eux. D'autant que l'angoisse peut être contagieuse et affecter toute la famille quand sa circulation n'est pas stoppée par le père, par exemple, dont ce devrait être le rôle. C'est sans doute d'être trop présent, et non de ne pas l'être assez, qui empêche le père de prendre un certain recul lui permettant de remettre les choses à leur juste place et ainsi de jouer le rôle qu'on dit attendre de lui.

### *La vie quotidienne*

La remarque que je viens de faire sur le rôle du père paraîtra peut-être à contre-courant ou « politiquement incorrecte », pour reprendre l'expression à la mode. Elle n'en est pas moins vraie sur le plan pratique. L'angoisse, en effet, surgit quand il n'y a pas d'issue possible ou encore *quand on ne voit pas* d'issue possible, c'est-à-dire quand on s'enferme soi-même. C'est pourquoi d'ailleurs on n'est pas trop de deux pour élever des enfants. L'autre conjoint, en effet, quel que soit son sexe, doit pouvoir rassurer par son jugement celui (ou celle) qui s'inquiète. Cela peut se produire à propos de la crainte de l'apparition d'une maladie par exemple, et si l'inquiétude gagne les deux parents, c'est au médecin de la dissiper. L'enfermement psychologique est parfois palpable et, pour avoir été médecin généraliste de garde le dimanche en banlieue, je me rappelle ces familles entières, grand-mère comprise, penchées sur le berceau d'un nourrisson en pleurs atteint d'une diarrhée banale. Le rôle du médecin est d'abord d'objectivité et il lui faut quelquefois s'abstraire du contexte pour garder la sienne. Il est ensuite et souvent d'autorité, car une fois son diagnostic établi, il faut savoir le faire accepter. C'est un art qui a parfois tendance à se perdre, à l'hôpital par exemple, quand on se décharge sur le spécialiste psy de ce qui paraît maintenant en dehors de la compétence du technicien. Le psy consulté doit bien sûr, lui aussi, prendre ses distances sans être cependant « distant ».

Toutes proportions gardées, c'est le même genre de distance observée par l'un des conjoints qui pourrait éviter à l'autre l'angoisse produite par une relation trop étroite. Historiquement, c'est au père que revenait jusqu'à présent cette place. Les raisons en sont multiples. D'abord par sa présence en principe moins continue, il est amené théoriquement à voir les choses de plus loin ; ensuite sa moins grande participation physique à l'alimentation et aux soins corporels pendant la longue période de l'enfance, le conduit à garder une distance utile. Tout cela, comme on le sait, est sujet à caution dans un nouveau type de famille.

Reste la différence des sexes. C'est un sujet compliqué par certains débats féministes remettant en cause ce qu'on appelle maintenant la *phallocratie*, concept qui a fait fureur en Amérique. Or, de quoi s'agit-il ? S'il s'agit de conférer à l'homme, en vertu de sa conformation sexuelle, une certaine suprématie, ce n'est pas à proprement parler le propre de la phallocratie. Celle-ci, en effet, se rapporte non pas à l'organe mâle mais au *symbole*. Le pouvoir, en revanche, et dans la mesure où il a été identifié avec l'homme, a pu être associé à l'organe viril. C'est pour cette raison que traditionnellement la phallocratie est attribuée par le mouvement féministe au pouvoir masculin. En fait, les choses sont à la fois plus simples et plus compliquées. Il y a d'une part la différence sexuelle, d'autre part l'ascendant qu'exerce sur l'autre un des membres du couple. Ces faits peuvent être complètement séparés. Ils peuvent aussi être réunis. Classiquement l'ascendant se situait et se situe pour une bonne part encore du côté de l'homme. Il est presque gênant de présenter les choses ainsi de nos jours. Mais voyons comment cela se passe dans des cas concrets.

> *Ophélie* a 18 ans. Elle a un blocage scolaire relatif puisqu'elle est en terminale C, mais a refusé de passer le bac, alors qu'elle était prête. Elle s'est mise au lit et a refusé tout simplement d'y aller. Elle est complètement inhibée par l'idée même de l'examen. Elle est très proche intellectuellement de son père qui la soutient. Pour lui, elle est « perfectionniste » et cela résume tout. Sa mère est plus inquiète mais n'ose pas contredire son mari. Ophélie fait du karaté, est très masculine et veut toujours être la première. Elle est très soucieuse de sa ligne et il lui arrive de ne pas manger. En fait, elle maigrit d'une manière inquiétante et les parents réagissent très différemment. Autant la mère s'inquiète, et à juste titre, autant le père fait le sourd et l'aveugle. La mère se plaint de l'attitude du père : « Dès que je dis quelque chose, elle

> m'envoie sur les roses et son père ne dit rien. Il fait au contraire tout ce qu'elle veut. » Depuis qu'elle est toute petite, elle veut être un garçon et n'a plus mis de jupe depuis l'âge de dix ans.

Cette jeune fille est fortement liée à son père, mais celui-ci n'est pas vécu comme l'homme ou le personnage puissant de la maison, bien au contraire. En fait, cet homme s'oppose à sa femme mais pas directement, par l'intermédiaire de sa fille à qui il laisse tout faire à l'encontre de ce que peut dire son épouse. La mère est obligée de cumuler les deux rôles, ce qui n'est pas sans poser problème pour l'évolution sentimentale d'Ophélie.

> *François* a 13 ans. Il n'a rien fait pendant les deux premiers trimestres de la quatrième, mais depuis que les parents ont consulté il a quinze de moyenne. Ses parents situent d'emblée le malaise : depuis qu'ils ont acheté un pavillon de banlieue pour le bien des enfants, ils se sont endettés et se disputent sans arrêt. Madame accuse monsieur de se laisser influencer par sa famille et de lui faire supporter ses choix et sa manière de voir les choses. François, seul, me tend la liste des griefs qu'il a contre son père : il vient de l'écrire pour moi. Pour lui, son père se tient mal à table, dit des gros mots, passe des heures devant la télévision, ne tient pas ses promesses, etc. On a plutôt l'impression d'entendre une mère se plaignant d'un adolescent. François reprend pratiquement les reproches que fait sa mère à son père. Mais sa complicité avec sa mère, contrairement à Ophélie avec son père, reste super-

ficielle. D'ailleurs, il s'oppose à son père qui a l'impression qu'il le provoque et cherche la gifle. Le frère aîné, lui, ne prend pas partie dans le conflit. François a de l'humour et nous rions franchement à la découverte de ce complexe d'Œdipe caricatural. François joue en quelque sorte ce complexe. Il défend sa mère comme un petit coq. Celle-ci trouve même que parfois il va trop loin.

Ces deux cas illustrent à mon sens le besoin qu'ont les enfants, garçon et fille, de pouvoir repérer chez leurs parents des modèles d'identification. Tout va bien quand ces modèles sont solides et collent avec l'environnement social. Tant que cet environnement n'a pas changé – et nous sommes peut-être dans une société en mutation – l'inadéquation des modèles parentaux avec le monde qui l'entoure est créatrice de troubles chez l'enfant et l'adolescent, surtout si ces modèles n'assument pas leur fonction d'exemplarité.

# IX

# À partir de quand dire non ?

Si on se place sur le plan intemporel des principes, la question de savoir « à partir de quand dire non ? » a peu de sens. C'est pourquoi je complèterai cette question de plusieurs façons. Dire non est une opération apparemment langagière. En fait, comme on l'a vu, le langage est presque superfétatoire quand l'autorité suffit. Mais il y a plus : dans d'innombrables cas, *dire* non est totalement inefficace, notamment en ce qui concerne le corps. La jeune fille boulimique en sait quelque chose : plus elle se dit non, « non je n'ouvrirai pas le réfrigérateur », plus ce « non » a l'aspect délicieusement transgressif qu'il tente vainement de conjurer. Même chose pour qui tente d'arrêter de fumer : seul l'interdit des salles de cinéma a l'efficacité de l'acte. Tout ceci est éminemment valable pour le tout-petit. Pendant une grande période de sa vie, soit environ jusqu'à 8-10 mois environ, le nouveau-né ne sait pas ce que c'est que le « non ». Quatre mois plus tard et jusqu'à deux ans, il s'oppose systématiquement et c'est justement pour lui une façon de s'affirmer. C'est aussi – est-ce un hasard ? – à cette période qu'il commence à parler.

Avant, c'est le corps qui dit « non ». Ainsi en est-il peut-être de certaines maladies psychosomatiques (« peut-être » car dans ce domaine, il n'y a pas de « preuves » formelles). Certaines rhinopharyngites à répétition, en effet, ne surviennent pas dans n'importe quel contexte psychologique dont il est difficile, cependant, d'expliquer les ressorts. Certaines otites à répétition, en revanche, semblent obéir aux loi empiriques édictées par Françoise Dolto : c'est quand les parents « ne s'entendent pas » que les enfants souffrent des oreilles, interprétait-elle. Et il est vrai cliniquement que certaines otites (et leur cortège de paracenthèses) sont fréquentes quand les couples se disputent constamment. C'est peut-être parce qu'à la différence d'autres organes des sens, les oreilles ne peuvent se fermer d'elles-mêmes et dire non au climat ambiant.

## *L'enfant grandit par paliers*

L'éducation doit s'y adapter en tenant compte de caractéristiques essentielles à l'être humain.

La première c'est que *le nourrisson naît prématuré.* Pour en donner un exemple très parlant : ce n'est que vers la deuxième année que le système nerveux termine sa maturation et acquiert le fonctionnement qui sera celui de l'adulte. Cela devrait faire réfléchir les partisans d'un dressage trop précoce. Ce dressage est cependant possible, même si cela n'est pas souhaitable, avant la maîtrise du langage. C'est ainsi, par exemple, que la propreté dépend du contexte social.

C. Dubois, dans son étude de la population de l'île d'Alor, note que les mères se désintéressent rapidement de **la question de la propreté.** Elles ne font aucun effort pour apprendre à leur enfant à marcher, parler, contrôler leurs sphincters. Or, dans l'ensemble, ils sont propres vers l'âge de 3 ans ; ils n'ont aucune tendance à jouer avec leurs excréments ; la constipation est inconnue.

Chez les Indiens navaros, les règles de propreté sont imposées doucement ; c'est seulement lorsque l'enfant sait parler que la mère lui explique et l'éduque…

Dans les tribus Manus de l'île de Amirauté, on s'efforce par contre d'entraîner l'enfant à un contrôle précoce ; l'accent est mis sur toutes les fonctions d'élimination qui sont jugées honteuses ; ce sera également le cas ultérieurement pour la fonction sexuelle.

E.J. Anthony distingue trois types de sociétés selon que la pression de la mère est estimée sévère, modérée ou légère. Les mères américaines et anglaises entreraient dans la catégorie « sévère ».*

*La seconde caractéristique, c'est la parole.* Le langage apparaît sous forme élémentaire vers l'âge de dix-huit mois, mais nécessite qu'on parle au nourrisson dès sa naissance. Or, là encore, on voit mal que certains apprentissages puissent se faire *avant* cette apparition.

**in* J. de Ajuriaguerra, *Manuel de psychiatrie de l'enfant*, Masson.

## Comment se font les apprentissages?

Les apprentissages résultent de la *maturation*, épanouissement des données innées, et de *l'action due au milieu*, responsable de ce qui est acquis. Comme vous le savez – car le nourrisson est à la mode – les chercheurs se sont penchés sur les compétences du nouveau-né, et plus ils cherchent, plus ils découvrent la précocité de ces compétences. Il est utile de les connaître car elles incitent les parents à stimuler et à observer le nouveau-né. L'apprentissage, en effet, soit l'acquisition de performances nouvelles, s'appuie sur des données organiques et réelles. D'abord sur le fait que le nouveau-né naît muni de réflexes dits archaïques. Ces réflexes n'ont rien à voir avec ceux de Pavlov, mais beaucoup plus avec la stimulation de la cuisse de grenouille qu'on apprenait au cours de sciences naturelles. Il s'agit en effet de réflexes médullaires qui n'intéressent donc *que* la moelle épinière et ne remontent pas jusqu'au cortex. La stimulation de la paume de la main, par exemple, entraîne une *préhension* totalement involontaire. Or, petit à petit, ce réflexe va disparaître pour laisser la place ensuite à une préhension active.

Un autre type d'apprentissage, très élaboré, se passe complètement du langage. C'est celui qui se sert des réflexes dits conditionnés. Un exemple en est donné par le *sourire*. Simple rictus affectant la bouche à la naissance, le sourire survient à l'endormissement et est sans doute lié à des sensations internes. Il est déclenché vers la troisième semaine par la voix féminine, puis à la sixième semaine par le visage humain. Plus tard, la simple vue de la mère suffit à apaiser temporairement la faim, et le sourire devient manifestement le signe d'un échange relationnel.

*Jusqu'au huitième mois* environ, *l'apprentissage ne passe pas par la parole et ne saurait donc s'appuyer sur l'interdit.*

Mais quel interdit, me demanderez-vous à juste titre ? D'abord, s'il ne s'agit pas d'interdire quoi que ce soit au nourrisson, cela ne veut pas dire qu'il ne faille pas lui parler. Au contraire, il faut associer dès le début chaque geste à des mots, et si l'enfant ne comprend pas les paroles, il entend la musique. Ensuite, si la mère est totalement occupée avec son bébé et si cela est parfaitement justifié, cela ne veut pas dire qu'elle ne fasse pas référence à l'autre, à commencer par le père. Certains jeunes couples branchés sur la psychanalyse vous diront que très tôt le nourrisson fille tourne la tête vers son père quand il arrive. Toujours est-il que le nourrisson doit idéalement avoir l'impression d'être comblé par la mère – son besoin étant satisfait immédiatement – mais aussi sentir petit à petit un rythme qu'on lui impose, ou plutôt que la mère lui impose malgré elle. *S'il y a un interdit à ce stade – et il y en a un – c'est donc vis-à-vis de la mère qu'il s'exerce.* La référence de la mère c'est déjà avant tout le père, et tous deux – surtout pour un premier né – dévorent les livres qui parlent des performances du nourrisson. Les pédiatres ont à ce stade un pouvoir directement lié à leur savoir. Profitons-en pour redire – au risque de répéter – qu'une anomalie de la relation mère-enfant, même précocissime – ne « passera pas avec l'âge » et qu'une interrogation de ce type avec l'aide d'un psy peut prévenir des réactions autistiques qui pourraient devenir graves. Le père doit aussi savoir s'intéresser au développement du bébé, et il le fait maintenant beaucoup plus que par le passé.

### *« Dire non » commence avant la naissance*

« Dire non » est ici une façon de parler, car cette formule résume en fait tout simplement la place du père au moment de la conception. Et le moins qu'on puisse dire, c'est que cette place est variable.

> *Mlle R...* se comporte comme une véritable amazone. C'est d'ailleurs ce qu'elle revendique auprès de sa compagne dont elle cherche à satisfaire le désir. Celle-ci émet un jour l'idée qu'elle serait heureuse d'avoir un enfant. Mlle R... passe une nuit dans un foyer d'émigrés, en revient enceinte et accouche sous le nom de sa compagne à qui elle « offre » l'enfant. Celle-ci, affolée, prend la fuite. Le rêve de Mlle R... s'effondre : elle-même ne souhaitait pas d'enfant et l'enfant n'étant pas légalement à elle, elle est contrainte de l'abandonner. On peut s'inquiéter sur le devenir de cet enfant qui risque fort de devenir psychotique. C'est le cas d'ailleurs de certains enfants nés sans père, de femmes qui ont décidé d'avoir un bébé sans même que le géniteur soit au courant. Arrivés à l'âge adulte, ils peuvent sombrer dans la folie.

Il est donc capital que dès la conception, l'enfant soit pourvu de deux parents qui assument chacun leur désir. Ce sont les nuances du désir de chacun qui vont d'ailleurs former les zones d'ombre qu'oublient les parents et que l'enfant ou l'adulte interrogent inlassablement. L'enfant a-t-il été désiré ? Telle était la question que posaient sans doute certains médecins il y a des décennies. Maintenant, ce sont les parents qui l'affirment avant même qu'on leur demande. La volonté consciente de procréer n'est cependant pas un gage de sincérité, tant les réactions inconscientes l'emportent. Tel enfant non désiré, conçu par erreur de contraception ou même ayant résisté à une tentative d'expulsion, sera accepté profondément malgré tout. Tel autre, programmé à l'avance en fonction du calendrier scolaire ou des échéances de prêt, se sentira plus tard mal aimé. Certaines circonstances particulièrement dramatiques méritent l'écoute.

> *Arlette* est née d'un viol et elle le sait. Elle a été adoptée par le mari de sa mère, qui l'élève depuis l'âge de 2 ans et dont elle porte le nom. Actuellement arrivée à la puberté, Arlette présente des difficultés scolaires et on se demande si cela « a un rapport avec sa naissance ». Arlette parle facilement de ses difficultés et en vient à parler de sa conception. Elle sait que les agresseurs de sa mère, qui ont été condamnés à de lourdes peines, sont encore en prison. Mais elle trouve bizarre de ne pas savoir lequel est son « père ». Puis, réfléchissant sur une récente émission de télévision, elle s'écrie : « Mais au fond, c'est comme si j'étais née d'une fécondation in vitro ! » Ce fut un moyen, pour elle, de dépasser un problème qu'elle jugeait insoluble.

Cette question se pose au cours de la procréation assistée. Parce que si, biologiquement, il est possible de concevoir sans père, il est en revanche difficile de le faire en le récusant par avance et sans que personne n'intervienne à propos d'une volonté qui pourtant, par définition, implique l'accord de *deux* individus. Cet accord se prolonge, à moins d'un accident, dans l'éducation de l'enfant qui – je le répète – a bien besoin de ces deux personnes pour se repérer. *C'est pourquoi d'ailleurs le « non » que pourrait formuler le père, ou l'autre conjoint, n'est pas tant le non de l'interdiction que le non à la toute-puissance de l'un ou de l'autre.* Si ce que les féministes reprochent au pouvoir patriarcal est d'être celui d'un parâtre tout-puissant, incestueux et violent, je comprends leur combat. Il faut cependant remarquer qu'il est extrêmement fréquent qu'en cas d'inceste les mères soient complices ou ne puissent mettre des bornes aux passages à l'acte de leur mari.

Cette limitation par un conjoint du pouvoir de l'autre est une chose essentielle à la bonne santé psychique de l'enfant, ainsi qu'à sa bonne éducation. Cela n'implique pas une discussion de tous les instants, mais au contraire une entente profonde et une confiance qui acceptent la différence. La complicité, par exemple, de la maman avec son garçon qui craint le châtiment du papa, doit pouvoir être relative et tenir compte du désir du garçon de tenir le père au courant, désir caché par la peur qu'il sache. C'est ainsi que chacun des parents, avec son caractère et son tempérament, doit à la fois comprendre son enfant et tenir compte de l'autre : une mère peut consoler un enfant qui se réfugie auprès d'elle après avoir été puni sans pour autant que cela signifie qu'elle se désolidarise de l'autorité paternelle. C'est quotidiennement que les enfants « questionnent » sans le dire les parents sur leur vocation et leur envie de les avoir mis au monde. La bonne réponse consiste plus souvent à *être* qu'à expliquer. Or, cet « être » commence naturellement bien avant la naissance, dans la place que les hommes et les femmes font à d'autres hommes et femmes qui les remplaceront sur terre. Freud appelait cela la « sublimation ».

### *De la naissance à deux ans*

Il est difficile de découper en tranches les périodes de la vie du bébé, et il suffit de parler de stades pour introduire malgré soi une norme qui sera contestée par tel fait précoce ou retardé. J'ai connu par exemple un enfant qui ne parlait pas à cinq ans, que ses parents ont conduit de consultation en consultation et qui est devenu un brillant médecin. Par ailleurs, les périodes que découvrent les spécialistes du bébé sont parfois sujettes à caution. C'est le cas par exemple du cap du huitième mois découvert par le grand psychanalyste américain René Spitz. À partir du huitième mois, selon lui, l'enfant ne sourirait qu'à ses proches et manifesterait des pleurs et un détournement de tête devant un visage étranger. Cette angoisse de l'étranger correspondrait au déplaisir qu'éprouve le nourrisson de ne pas voir sa mère, avec laquelle il a établi un véritable lien. Or, tous les enfants ne ressentent pas cette angoisse du huitième mois – Françoise Dolto disait que c'était le cas de ceux à qui la mère parlait suffisamment pour les mettre en confiance. Quoi qu'il en soit, on peut situer en gros la période à partir de laquelle l'enfant apprend *l'interdiction* précisément au huitième mois.

*Avant huit mois*

Avant cette période, le nourrisson est un être de communication certes, mais il ne comprend pas encore le sens des mots. Cela ne veut pas dire qu'il ne faille pas lui parler, bien au contraire. Il faut même accompagner de paroles toutes les tentatives qu'il fait pour comprendre le monde qui l'entoure, et stimuler ses acquisitions. Il commence à tenir sa tête, se retourne, s'assoit et se met à quatre pattes à la fin de cette période, et dès l'âge de 6 mois reconnaît son image dans le miroir. *Mais il n'est pas question de refuser quoi que ce soit* au nourrisson. S'il pleure, il faut d'abord, comme le disait le philosophe Alain, chercher l'épingle qui le blesse. Il peut pleurer pour différents motifs : quand sa couche est sale ou encore s'il a des coliques. Il faut lui répondre et ne le bercer ou ne lui donner une sucette que si tout le reste a échoué. Les soins de la mère sont plus que jamais capitaux et il faut aider celle-ci à remplir une tâche d'autant plus difficile qu'elle est primipare. La mère ne doit pas se sentir seule. Certaines mères se rappellent par exemple avec horreur la solitude de la maternité quand leur mari paniquait à l'idée de venir les voir. Celles-ci auraient des excuses pour se passer du mari, mais ce n'est pas une raison pour prendre, seules, une décision aussi capitale que le choix du prénom comme dans l'histoire suivante.

*Frédéric* s'est appelé Claude pendant trois jours. Trois jours pendant lesquels il a été laissé seul avec sa mère, tous les deux quasiment « abandonnés » par le père qui, comme cela arrive à certains, a réagi par la fuite à l'annonce de l'accouchement de sa femme. Ce comportement est la variante inversée de la « couvade » ou conduite pathologique du père. Toujours est-il qu'à son retour, son père apprend incidemment que son fils s'appelle Claude. Il fonce à la mairie et fait changer le prénom pour celui de Frédéric qu'il avait choisi antérieurement avec sa femme. Celle-ci avait dû donner le prénom de Claude sans y réfléchir dans l'angoisse de son abandon.

Les mères peuvent présenter après l'accouchement une sorte de dépression bien connue et passagère. Cette dépression s'explique quand l'enfant est mal formé ou anormal, mais aussi quand il est beau et en pleine santé. C'est que l'enfant réel est toujours différent de l'enfant idéal imaginé pendant neuf mois ou plus. Ou que l'arrivée de l'enfant réel, même s'il correspond à l'enfant idéal, signe la fin du rêve. D'autres mères peuvent éprouver des troubles plus graves qu'il faut traiter le plus possible sans les séparer du bébé qui est la cause déclenchante : c'est ainsi que certains hôpitaux sont dotés d'unités mère-enfant pour traiter ces cas difficiles. L'arrivée d'un enfant n'est pas une épreuve seulement sur le plan physique et elle s'accompagne d'un véritable travail psychique. Les tâches matérielles et les satisfactions procurées par leur bébé compensent en général largement le deuil de l'enfant idéal. L'enfant réel et sa maman vont établir une véritable et unique relation dont l'horizon même lointain reste cependant la séparation et le père est là pour le lui rappeler. Si la mère réagit aux progrès de l'enfant, celui-ci ressent aussi l'attitude profonde de sa mère. Seulement, il n'a que son corps comme moyen d'expression, aussi cela peut-il donner ce type de symptôme : ainsi les coliques du premier trimestre décrites par mon maître André Hennequet ont la caractéristique de s'installer chez des enfants normaux, huit à dix jours après la naissance, après le retour de la mère au domicile. Elles se caractérisent par des cris rythmés par les repas, survenant cinq à six minutes après le biberon ou la tétée, et surtout après les repas de la deuxième partie de la journée. L'examen est normal en dehors d'une certaine aérocolie. Diverses hypothèses ont été émises; une chose est sûre, c'est que la plupart des traitements sont inefficaces, excepté la succion et le bercement. Il est plus que probable que c'est l'anxiété de la mère qui se transmet à l'enfant. Au bout de trois mois, au moment où le bébé peut commencer à avoir un comportement intentionnel et actif, les coliques cessent comme par enchantement.

### *À partir de huit mois*

L'enfant commence à se déplacer à quatre pattes. Il explore le monde qui l'entoure et il ne s'agit pas de le quitter d'une semelle : cela durera pratiquement jusqu'à la troisième année. S'il comprend les interdictions et est même capable d'obéir, il n'a en revanche aucune mémoire. Il n'est pas question de le punir quand on le découvre en train de jouer avec ses selles ni quand il grimpe sur les marches de l'escalier. Tout cela fait partie du comportement normal. C'est à la fin de cette période, au moment où il commence à parler, c'est-à-dire à associer deux mots, qu'il a ce comportement d'opposition si caractéristique (cf. Florent, chapitre 7) qui s'accompagne d'un entêtement parfois inaugural. L'attitude des parents ne peut être que souple. Certains prônent la distraction au sens fort du terme, c'est-à-dire de conduire l'enfant vers une autre activité que celle que l'on vient de lui interdire. D'autres le contrent, ce qui ne semble pas être une solution idéale. Quant aux colères, là encore l'attitude diffère. Certains les laissent passer, d'autres ne les tolèrent pas. Dès cette époque en tout cas, l'interdit non seulement peut mais doit commencer à être formulé. On voit d'ailleurs l'enfant vérifier sa permanence : ainsi, par exemple, il approche sa main de la prise de courant en cherchant l'adulte du regard et en répétant « non ». Déjà aussi les parents ne doivent pas perdre la face : un interdit transgressé, non suivi de la petite claque promise (parce que oui, jusqu'à 18 mois-2 ans, cela peut être un moyen occasionnel efficace quand l'autorité de la parole ne suffit pas), ouvre la voie à la suprématie de l'enfant sur ses parents, suprématie qui n'est souhaitable ni pour l'un ni pour les autres. Or, ce premier apprentissage, comme tout ce qui est premier, est absolument essentiel pour l'avenir. Certains ratages peuvent être corrigés *dès cette période* à l'aide d'un pédopsychiatre ou d'un psychanalyste. Voici pour l'illustrer le cas de Domitille :

*Domitille,* 9 mois, souffre d'insomnie. Son sommeil était pourtant acquis à deux mois mais depuis l'âge de 6 mois, elle se réveille toutes les heures. Les parents ont attendu des années avant de l'avoir et se décident à consulter directement un pédopsychiatre. Celui-ci les écoute attentivement pour se faire une idée du trouble en question. La maman raconte qu'elle a eu un abcès de la paroi abdominale deux mois et demi après l'accouchement et ne pouvait donc plus la porter. Domitille cria sans arrêt pendant un mois. Or, dès que la mère la prenait avec elle, tout cessait. Elle pensait donc avec une certaine logique que l'insomnie de sa fille avait la même origine. On aurait pu en rester là, mais il fallait bien guérir ce symptôme qui résistait aux médicaments. J'apprends que six mois après l'accouchement la mère de madame a déménagé pour se rapprocher de sa fille et s'occuper plus de la petite. En outre, la mère assimile le caractère de la grand-mère à celui de sa fille : elles sont toutes les deux insupportables et ont la même voix ! Bref, je me rends compte que cette insomnie réelle ne correspond pas à un défaut de présence comme le croit la mère, mais à une surcharge. D'ailleurs, les parents n'en peuvent plus. Le père ne dort pratiquement plus et devient irritable. Il a failli l'autre jour aller dormir à l'hôtel. Sa femme, angoissée et culpabilisée, ne l'écoute pas et passe ses nuits debout à faire dormir sa fille dans ses bras. Ce sera la seule consultation de cette famille : je déclare aux parents qu'il faut rompre ce cercle vicieux et qu'ils doivent laisser leur fille pleurer. J'attends des nouvelles et décide de téléphoner : ils ont prévenu tout l'immeuble dès le jour dit. Trois jours après, Domitille faisait à nouveau ses nuits.

L'« élevage » d'un enfant de moins de 2 ans est un véritable « dressage » qui doit cependant *s'accompagner constamment de paroles.* Autant il est nécessaire de respecter les pleurs d'un nouveau-né, autant il est indispensable d'imposer des règles à l'enfant qui grandit. Si on rate une étape, on est facilement débordé par un comportement qui affole tout le monde. L'attitude de la mère de Domitille par exemple devient rapidement ambivalente, c'est-à-dire qu'elle est partagée entre deux sentiments opposés et égaux : l'apitoiement et l'exaspération. Ces deux sentiments coexistent quand elle prend sa fille dans ses bras et se transmettent, sans paroles, par ses gestes mêmes. Ceux-ci calment mais angoissent la petite, ce qui trouble son sommeil et crée le cercle vicieux.

**L'agitation du petit enfant**

Certains enfants très agités vers l'âge de 18 mois sont franchement insupportables. Rien ne semble les satisfaire car leur agitation va de pair avec le comportement d'opposition. On a affaire à une véritable instabilité dite psychomotrice (ou encore appelée hyperkinésie) que certains neuro-pédiatres traitent malheureusement avec des médicaments. Or, cette instabilité cède parfois progressivement avec *l'acquisition du langage.* Tout se passe comme si une grande part de l'agitation était due au fait que l'enfant n'arrivait pas à s'exprimer et réagissait ainsi à l'incompréhension de l'entourage.

## *À partir de deux ans*

À partir de deux ans, la parole change considérablement les relations parents-enfants, à condition qu'on sache utiliser ce mode d'expression inégalé qui suffit à rétablir, par son apparition, des situations presque désespérées.

On a vu (p. 167) comment, dans certaines tribus, les enfants livrés à eux-mêmes acquéraient d'eux-mêmes la propreté à trois ans. Il est certain en tout cas que le langage (ce qui est formulé et ce qui ne l'est pas) modifie considérablement l'apprentissage qui succède au dressage. L'apprentissage parlé est source de satisfactions qui incitent à progresser. Qu'est-ce que progresser en effet sinon accepter d'abandonner des comportements régressifs et jouisseurs pour une attitude nouvelle plus intéressante, certes, mais moins immédiatement agréable. C'est ainsi que si jouer avec ses selles ou se salir peut être très plaisant, le fait d'être propre a aussi ses attraits ! Or, ce qu'il est important de savoir, c'est que « chaque âge a ses plaisirs ». Si on ne respecte pas le temps nécessaire pour passer à l'étape suivante, celle-ci sera difficile à franchir car elle souffrira de la nostalgie de la précédente. L'acquisition de la propreté diurne puis nocturne en est un bon exemple. Il est reconnu que mettre un enfant trop tôt sur le pot, avant qu'il ne marche, favorise la passivité ultérieure et court-circuite l'étape où il fait don volontairement de ses selles. Plus tard, on peut se trouver en face de difficultés telles que les traduit Livio (chapitre 4).

> *Livio* est un beau petit garçon de 3 ans qui ne veut pas aller « faire caca dans les toilettes ». Il réclame des

couches et fait en général comme un bébé, quand on vient juste de la lui mettre. La période d'opposition s'est franchement prolongée. Son père est fasciné par lui parce qu'il lui rappelle son propre père qui, lui, avait de l'autorité sans même avoir besoin de la manifester. La mère reproche à son mari de ne pas être assez sévère. Il lui répond : « C'est un teigneux, j'étais pareil. » Il ajoute curieusement : « Heureusement qu'il a ce caractère. » Le comportement de Livio est un peu inquiétant : il n'en fait qu'à sa tête, entre et sort quand il en a envie. Son père ne veut pas « le briser » mais alors qu'il n'y a pas moyen de le mettre sur le pot à la maison, il n'a pas de problème à l'école. Le papa est souvent absent le soir, car il fait partie d'une association charismatique qui lui prend ses soirées libres pour des réunions. Livio en profite pour se relever le soir et aller voir sa mère en prétendant qu'il « a quelque chose à dire » ! Madame parle facilement de sa famille : sans accuser son père d'autoritarisme, elle s'est cependant rendue compte qu'elle « n'avait pas envie de vivre ce que sa mère avait vécu ». Le simple fait d'être venue une fois parler de tout cela améliore le caractère de Livio. Il accepte de faire pipi tout seul sans qu'on lui dise mais persiste à avoir peur des toilettes et déclare même qu'il « a peur de tomber dedans ». S'il y va à l'école, c'est parce qu'à l'école les toilettes sont « plus petites ». De plus, Livio est coléreux et claque la porte quand il ne retrouve pas ce qu'il a laissé à la consultation de la semaine précédente. Plus que complaisant, le père avoue qu'à son âge il cédait au bout d'un certain temps, alors que Livio, lui, ne cède jamais. Ce dernier est d'ailleurs furieux que ses parents viennent parler de lui à un inconnu et il refuse de me parler tout en me jetant des clins d'œil.

Malgré tout ce que je viens d'écrire, les parents viennent demander de l'aide, comme si Livio avait une maladie à soigner. Pas question de les renvoyer à eux-mêmes. Ces parents demandent qu'on les aide à être parents, tout en faisant mine de penser que tout vient de l'enfant. Tout en parlant, pendant que Livio fait des allers-retours, ils se rendent compte qu'ils ont tendance à tout ramener à l'enfant et qu'ils feraient bien de se voir un peu plus tous les deux.

Il ne faudrait pas croire que les choses sont si simples que cela et qu'il suffirait que le père sévisse pour que tout rentre dans l'ordre. D'ailleurs, le père est bien obligé, à bout d'arguments, de donner une fessée. Quand les parents râlent, Livio a maintenant un tic : il roule un morceau de tissu entre ses doigts. Il a fallu aussi donner un hypnotique pour briser le cercle vicieux et ne pas se contenter de la fessée du soir. Récemment, Livio a bu l'eau d'une flaque et mangé du sable, mais accepte de me parler et me fait le dessin d'un gros serpent.

L'amélioration est progressive. Le père a compris qu'il devait être plus présent. Livio l'accueille avec joie et après une constipation de deux jours et demi défèque pour la première fois dans les toilettes, mais il continue à provoquer. Hier, dans le bain avec son frère de trois ans plus âgé, il a menacé de faire dans l'eau, pour aller finalement sur le pot. Parallèlement, il pose et se pose des questions sur le sexe de sa mère à qui il demande « si elle fait pipi par la fesse ou par la zizoune » (sic). Maintenant, quand il fait sur le pot, il est fier de lui. Il est plus calme et dort bien, demande des câlins à son père et à sa mère, ce qui est nouveau. C'est son père qui le met sur le pot et il se couche après. Il y a de temps en temps des régressions, Livio redemande sa couche le soir mais compte les fois où il va sur le pot ! Le chantage marche aussi pas mal : les récompenses contre les selles. Cela va tout à fait avec l'opinion des psychanalystes et d'abord de Freud pour qui les selles sont un cadeau offert à la mère ! Jusqu'au jour où la mère enlève la couche le soir en disant : « Maintenant tu es grand ! »

## *Ni trop tôt, ni trop tard*

L'éducation de l'enfant entre le dressage et l'apprentissage fait appel à l'autorité des parents, mais celle-ci ne se manifeste pas de façon univoque. Si au début c'est la rencontre des parents qui va permettre une première distribution des cartes, la venue de l'enfant introduit une nouvelle donne. Bien entendu, la façon dont la mère réagit au caractère du nourrisson, ce qu'elle reconnaît en lui, en quoi elle favorise sa maturation est un des mystères de l'instauration de cette relation avec le bébé. Le père, par sa présence surtout, par ses observations parfois, est un élément essentiel pour favoriser l'ouverture de cette relation vers l'extérieur. Mais au début – il faut bien le reconnaître – c'est le *corps* qui fait (apparemment) la loi ! Au début aussi, c'est par les *gestes* que la mère va réagir et même si l'enfant entend l'interdiction, il faut l'intervention manuelle. La parole s'apprend, et c'est grâce à elle qu'on va apprendre encore plus. Si la parole forme le degré supérieur de l'apprentissage du non et de l'éducation, elle est dans beaucoup trop de cas délaissée au profit de la force. Ce que nous apprend en tout cas ce passage par l'éducation, ce sont deux choses essentielles :

– Celle-ci doit être précoce. D'une certaine façon, on peut dire qu'à deux ans tout est joué.

– Il faut que l'interdiction vienne au bon moment. Ni trop tôt, ni trop tard.

# X

# L'éducation à l'école

L'éducation se poursuit à l'école. Cela signifie d'une part que le rôle de l'école ne se limite pas à la pédagogie et à l'enseignement, d'autre part que l'éducation est aussi un apprentissage. Ajoutons à cela que l'éducation précoce a un rapport avec l'apprentissage scolaire et que l'invention de l'école pour tous est récente puisqu'elle est devenue gratuite en juin 1881 et obligatoire en mars 1882. Cela donne une idée de la complexité des problèmes qui se posent entre les parents, le maître et l'enfant sous la bannière de l'interdit et de la loi. Les parents ne sont pas les seuls à poser des règles, l'école en pose aussi qui sont parfois contradictoires.

## *L'école obligatoire : l'État et la loi*

Commençons donc par l'obligation scolaire qui limite déjà le pouvoir des parents sur l'éducation qu'ils entendent donner à leur enfant. Très tôt, l'enfant comprend que la séparation d'avec les parents et surtout la mère est imposée.

Il suffit de voir les mamans le premier jour d'école maternelle : les larmes ne sont pas que du côté des enfants !

L'attitude des enfants de deux ou trois ans pour la première fois à l'école maternelle dépend de la faculté antérieure de la mère à *se séparer* de l'enfant. Régulièrement, l'enfant qui a du mal à quitter sa mère *révèle chez celle-ci* l'angoisse inconsciente de le confier à quelqu'un d'autre :

> La mère de *Graziella* (chapitre 6) m'avait amené sa fille de 9 ans pour des difficultés scolaires en CM1. Celle-ci présentait un blocage massif. « Elle donne beaucoup de soucis à sa mère », me dit le père, et il ajoute : « Elle est très proche d'elle, le cordon n'est pas coupé, elle rejette l'école depuis la maternelle. » Or, dès la mise en route du traitement par psychodrame individuel, elle ne pleure plus pour aller à l'école, n'a plus mal au ventre avant d'y aller et ne s'accroche plus à sa mère. Celle-ci dit elle-même qu'il faudrait « couper Graziella de sa maman mais sans l'abîmer » (sic). Et elle ajoute tout à trac : « J'ai peur qu'on me *l'abîme* à l'école. » Est-il besoin d'ajouter que cette maman a été institutrice pendant vingt-cinq ans !

Cette peur a le mérite d'être exprimée. Elle explique la réticence de certains parents à envoyer leurs enfants à l'école. Réticence qui va parfois jusqu'à faire – dans certaines conditions – l'école à la maison.

> La mère de *Paul* est institutrice. Son mari est violoncelliste dans un grand orchestre parisien. Elle a décidé

d'enseigner elle-même ses enfants en raison de ses capacités et de l'éloignement de l'école et a obtenu une autorisation de l'inspection d'Académie. Paul est totalement réfractaire à l'enseignement maternel, il est complètement dyslexique. Il inverse les syllabes et les lettres, et surtout est incapable de découper un mot en fonction de ce qu'il entend. Sa mère le contraint cependant à des dictées qui se terminent par des pleurs. Par un mécanisme complexe et énigmatique, Paul n'arrive pas à se révolter vraiment et, au contraire, cherche à bien faire et se culpabilise de ses échecs. Plus tard, il dira sa rage de n'avoir pu rester à l'école communale comme tout le monde.

Dans le cas de Paul, le contournement de l'obligation scolaire par les parents coïncide malencontreusement avec le côté possessif de la mère. C'est cela qui va entraîner chez Paul des troubles qui n'auraient pas eu de raison d'exister. Mais *l'obligation* scolaire elle-même avec ce qu'elle implique de violence sournoise, surtout quand elle s'accompagne d'un égalitarisme aveugle, *va entraîner un renversement bien connu des relations de causalité.* Tout est de la « faute » de l'enseignant. Ce n'est plus l'élève qui n'arrive pas à travailler, c'est l'instituteur ou le professeur qui ne sont pas bons. Ce même professeur devient aussi « l'agent » de l'Éducation nationale et la cause de l'échec.

*Mathieu*, 13 ans et demi, est en cinquième. Il a une intelligence nettement supérieure à la moyenne. Il pense que les professeurs font *exprès* de le coincer quand il ne sait pas. S'il ne réussit pas, c'est que les professeurs dictent trop vite. On lui en veut depuis qu'il a changé de classe. Malgré son QI élevé, il écrit comme « texte libre » : « Je n'aime pas l'école sauf j'aime lieux bricole alle jeux avec mes copine » (sic). Le père est positif : il apprécie les capacités de bricolage de son fils. La mère l'accuse de paresse et de mauvaises intentions. Pour elle, tout a commencé à 9 mois : il était turbulent et hurlait la nuit. Il n'a pas supporté la séparation au moment de la maternelle. Elle accuse le père de le frapper à coups de pieds et de poings. Mais elle se dit aussi coléreuse et anxieuse : « On veut savoir tout ce qui se passe à l'école. »

Cette persécution imaginaire par l'école est parfois partagée par les parents, même et surtout quand, comme chez Mathieu, c'est à la maison que tout a commencé et que la famille n'accepte pas cette *séparation* obligatoire. Mais la persécution n'est pas toujours imaginaire, on trouve des arguments réels qui ne peuvent que l'induire.

C'est ainsi que la mère de *Samuel*, 12 ans en sixième, elle-même enseignante, me raconte ce qui se passe chez certains enseignants du secondaire. Ceux-ci, me dit-elle, sont notés sur les progrès que font leurs élèves durant l'année, progrès qui sont mesurables à l'augmentation des notes. Ils ont donc tendance à mettre de mauvaises notes en début d'année, quitte à les améliorer progressivement ensuite. Cette pratique est déplorable, car elle décourage certains élèves en début d'année et induit donc des échecs scolaires. Elle est heureusement l'exception et les professeurs que je connais sont au contraire si proches de leurs élèves qu'ils sont inquiets lors des examens et concours.

## *L'école pour tous ou « chassez l'interdit, il revient au galop »*

L'école laïque, obligatoire et gratuite est un acquis certain de la démocratie. Les trois adjectifs vont d'ailleurs ensemble, une école *obligatoire* ne pouvant être que laïque et gratuite. Cependant, ces qualités proclamées sont contredites dans les faits. Si l'école se proclame laïque, en effet, c'est peut-être parce que la fonction enseignante est un sacerdoce. Si elle est obligatoire, c'est parce qu'apprendre n'est pas un plaisir. Et enfin, la gratuité cherche peut-être à nier tout simplement la dette que contracte tout élève vis-à-vis du maître. De plus, l'école publique se veut ouverte à tous, alors que son fonctionnement est lui-même par essence ségrégatif. Tout enseignant, en effet, cherche à obtenir la classe la plus homogène possible, et cela pour éviter de retarder les plus avancés. L'école est donc basée sur une sélection permanente. Mais il est vrai qu'elle n'est pas ségrégative à l'entrée et que si elle l'est, c'est sur des critères pédagogiques et non sociaux. Il n'empêche d'une part que ces ségrégations coïncident souvent statistiquement et que par exemple les difficultés scolaires continuent de toucher les plus défavorisés*, et d'autre part, comme le montre la même étude, *la moitié* des enfants ne parcourent pas le cycle primaire en cinq ans.

**Faut-il sanctionner les résultats scolaires ?**

Oui et non. On pourrait penser que les notes se suffisent à elles-mêmes. Elles témoignent du crédit que font les parents au maître dont c'est le rôle de sanctionner le travail scolaire. En fait, il ne faut les considérer que comme des indicateurs, et ne pas se fier uniquement à elles. Les punitions ou les récompenses doivent plutôt être prises dans un ensemble.

La récompense peut être un moteur, mais si sa perspective ne suffit pas à faire progresser un enfant, ce n'est pas la punition qui lui fera surmonter ses difficultés scolaires.

Or, les difficultés scolaires responsables de l'échec scolaire sont repérables non seulement en cours préparatoire, mais déjà en *maternelle*. Souvent même, j'ai constaté que la première rencontre avec le scolaire était traumatisante pour certains enfants. Pourquoi ? Parce que l'apprentissage se fait sous l'angle de *l'émulation* et du *contrôle*. Or, cer-

*M. Vial, M. Stambak, E. Burguière : « Pourquoi les échecs scolaires dans les premières années de scolarité ? », in *Recherches Pédagogiques* n° 68.

tains enfants, ne supportant ni l'un ni l'autre pour des raisons *psychologiques*, vont refuser très vite (voire tout de suite) l'apprentissage.

– *L'émulation* renvoie immédiatement aux questions de rivalité et de jalousie fraternelles. L'enfant qui souffre de ce genre de passion – et ils sont nombreux – va réagir en fonction de ce qu'il vit dans sa famille.

– *Le contrôle* est presque un automatisme pour l'adulte. C'est le fait tout simple de demander à l'enfant qui vient de lire une bande dessinée ce qu'il a compris. Certains enfants vont bien réagir, d'autres vont se buter immédiatement.

Or, que fait l'école pour éviter cela? Eh bien, l'école a tendance à réagir en niant le problème : il suffit pour s'en apercevoir de lire les circulaires ministérielles. Elle nie le problème parce qu'au départ elle le provoque, elle tente d'y remédier ensuite d'une façon pédagogique, c'est-à-dire en annulant la dimension psychologique *inconsciente*. Dès lors s'installe une relation sadomasochiste entre le maître et l'élève, l'un actif et volontariste, l'autre de plus en plus passif. Il est ensuite très difficile de renverser le cours des choses, d'autant que l'enfant n'est emmené que le plus tard possible chez le psychologue. Les parents, et certains instituteurs, craignent sans doute que les problèmes rencontrés à la maison soient du même ordre que ceux que l'enfant vit à l'école, et traitent les uns comme les autres par la persuasion.

*Jean-Charles*, 8 ans, a été en classe d'adaptation. Or, tout a commencé le premier jour de cours préparatoire où il s'est bloqué subitement avec la maîtresse. Il a eu à cette époque des terreurs nocturnes que l'on n'a pas rapprochées avec le problème scolaire. Il a beaucoup pleuré le premier jour de l'école maternelle et a eu des insomnies tout petit. Or, cet enfant n'a pas très envie au départ de voir un psychologue. Ses seules difficultés, dit-il, c'est de se retenir d'ouvrir le réfrigérateur pour y prendre de la nourriture. Il pense que son maître, ou son dentiste (sic), peuvent l'aider suffisamment. Ce n'est que plus tard qu'il accepte de parler, mais la mère dit qu'il refuse de venir en faisant des crises le matin des rendez-vous. Il lui a même dit : « Tu sais, Maman, je suis capable de m'aider tout seul. » La psychothérapie indiquée ayant échoué, je lui propose un psychodrame individuel où d'autres psychanalystes joueront les scènes qu'il propose. Nous nous apercevons alors que cet enfant n'a aucune notion de la différence des sexes, qu'il culpabilise énormément son agressivité, alors même que les parents ne sont pas sévères. Dans les scènes d'école, il montre tour à tour, dans le rôle du maître ou dans celui de l'élève, une peur d'être battu, ou au contraire une jouissance sadique à donner des fessées, mettre au coin et punir injustement. Il a une vision manichéenne des rapports entre le maître et l'instituteur. Dans son école, le maître a tout pouvoir, il peut battre à sa guise et n'a aucun compte à rendre. Le père n'a pas le droit de dire quoi que ce soit au maître. Il ne commande que chez lui ! Il faut apprendre, apprendre pour travailler quand on sera grand. D'ailleurs pour lui, maître et policier sont confondus et il veut être policier plus tard. Le savoir pour lui est l'équivalent d'un trésor qu'il n'a pas le droit de convoiter.

Ce cas montre comment l'école *révèle* des problèmes invisibles à la maison. Invisibles mais latents, c'est ce qui explique souvent la réticence des familles à venir parler. Pourtant, il n'y a pas de lien direct entre tels problèmes familiaux et telle difficulté scolaire, et cela parce que l'enfant a transformé les choses dans son inconscient à lui. Ainsi, la relation que Jean-Charles vit avec son maître révèle un modèle de lien qui s'est fabriqué à la maison, mais sans qu'il y ait de ressemblance apparente entre son attitude à la maison et à l'école. C'est parfois même le contraire qu'on observe, comme dans l'exemple de Serge.

*Serge*, 8 ans, en CE2, est sujet à de violentes colères à la maison. À l'école, c'est un enfant doux, plutôt timide et craintif. Fils unique, il est l'objet de toutes les sollicitudes de sa mère. Son père, beaucoup plus âgé qu'elle, est souvent à l'étranger pour le travail. Serge est très exigeant avec ses parents pour qui il représente tout. Le soir, ils jouent souvent aux cartes tous les trois : Serge est très mauvais joueur, triche ou arrête de jouer s'il n'a pas un bon jeu. Bref, à la maison c'est un petit dieu. À l'école c'est tout le contraire. Il a bien essayé de faire obéir les filles, mais celles-ci l'envoient promener. Avec les garçons, ce n'est guère mieux. Il est fasciné par les plus forts et il se met volontiers à leur service parce qu'il est très peureux et a besoin d'eux pour le protéger. Or, le comportement à l'école est à mettre en parallèle avec celui de la maison. À la maison, c'est un privilégié, mais un privilégié qu'on appelait autrefois un enfant gâté. Sa mère lui cède tout, son père n'intervient pas dans leur relation; cela n'est pas fait pour l'aguerrir. Au contraire, à l'école, il est terrorisé par les plus violents et cache cette terreur en se faisant le second des plus forts.

Les enfants s'organisent très vite selon des modes simplistes qui ne sont pas très éloignés de la psychologie animale où règnent les notions de dominant et dominé. Et beaucoup de conflits exacerbés pourraient se réduire à des rivalités entre « intellectuels » sages mais arrogants, et de futurs « manuels » musclés et susceptibles. Pour se défendre dans cette jungle, il vaut mieux être armé. Cela dépend de l'éducation. **Un enfant à qui on n'a pas su dire non est un enfant fragile.** Il ne sait pas ce que c'est que la frustration et il est à la traîne des autres parce qu'il est toujours en demande. C'était le cas de Serge. Ses parents ne lui avaient pas appris à pouvoir dire non aux autres parce qu'ils ne lui avaient jamais dit non à lui. Ainsi, il souffrait de ce décalage entre l'école et la maison et rageait de ne pouvoir s'imposer à l'école comme à la maison. Cette différence de comportement entre ces deux lieux correspond en fait à un défaut majeur de son éducation qui n'a pas su préparer l'enfant à s'affronter au milieu extérieur.

### *La famille et l'école*

L'école révèle donc un défaut éducatif de la famille. Souvent l'enfant comprend que l'école lui impose de nouvelles règles et fait tous ses efforts pour s'y adapter. Quand il est assez fort pour cela, il affronte ce nouveau milieu avec la volonté de se débrouiller tout seul et sans aide.

*Georges*, 6 ans, est en C.P. Il inquiète ses parents par son agitation extrême. Cette agitation perturbe beaucoup son travail scolaire. Les parents sont inquiets parce qu'ils sont dans une phase de transition. Le père vient de passer un concours administratif de très haut niveau qui va le faire changer de travail. La mère a demandé sa mutation en fonction de la prochaine affectation de son mari. Georges a une petite sœur âgée de 3 ans. Il me dit les appréciations qu'il reçoit de son institutrice : bien, très bien, bravo, très insuffisant, passable. Il n'arrive pas à dormir le soir. Il rêve qu'une « fille tombe de la tour Eiffel ». Il est très content que ses parents l'aient emmené voir quelqu'un à qui parler. Il l'explique même à sa sœur. Mais son agitation a fait place à une certaine tristesse. Il est énervé par l'école, moins gai, moins exubérant. Mais il se met à mieux travailler, dort mieux. En psychodrame individuel, il joue les scènes d'école où il montre qu'il tient à réussir seul, sans aide, et il ne supporte absolument pas que ses parents viennent voir la maîtresse. Les parents, tout à fait coopérants, sont stupéfaits de l'amélioration de Georges.

Les enfants comprennent vite que l'école leur offre un milieu nouveau, en accord ou en rivalité avec celui du monde familial. Cela dépend évidemment de la façon dont les parents leur ont présenté l'école. L'histoire des parents à l'école compte beaucoup dans ce domaine, et cela conditionne leur rapport avec les enseignants. Certains parents, fâchés avec leur propre scolarité, risquent d'être agressifs avec les maîtres. D'autres, au contraire, de niveau bien supérieur à ceux-ci, ont du mal à accepter que leur enfant leur donne un pouvoir exorbitant. Tous, en fait, voient en la personne du maître ou de la maîtresse un rival que l'on a du mal à admettre. C'est pourquoi les rencontres parents enseignants ont une importance extrême pour l'enfant. Ces rencontres apaisent la rivalité imaginaire et vident bien des abcès. Beaucoup d'enfants redoutent et souhaitent à la fois ces rencontres et il est très important pour eux que leurs parents acceptent le jeu de cette confrontation parfois difficile pour eux. C'est un dialogue d'autant plus indispensable que les enseignants perçoivent différemment les enfants lorsqu'ils ont rencontré les parents et se sont sentis reconnus comme partenaires. L'école est en effet née du fait que les parents ne pouvaient pas tout faire et que venait un moment où ils n'étaient plus au niveau de la scolarité de leurs enfants. L'école rejoint donc d'une certaine façon le rôle de l'Église qui ouvre sur un au-delà de l'éducation familiale et qui d'ailleurs cumulait au début son sacerdoce avec l'enseignement. Cela confronte l'enfant avec l'idée d'une insuffisance paternelle ou parentale, insuffisance réelle ou au contraire complètement fictive. Dans tous les cas, l'enfant est amené par la force des choses à *comparer* ses parents, ce qui l'amène le plus souvent à se ranger à leur avis. Mais n'oublions pas que la vocation de l'école républicaine dans l'imagination de ses pionniers était (et reste) d'arracher, par l'éducation, l'enfant à ses origines et de lui donner les moyens de dépasser les limites de sa classe sociale.

## *Si l'école déraille*

En règle générale, il est nécessaire pour l'enfant que les parents cautionnent le maître, et inversement. Mais cela ne vaut pas lorsqu'il y a erreur, brimade ou injustice manifeste dans le comportement de l'un ou des autres. De même que les enseignants s'autorisent à convoquer les parents et leur faire part de leurs remarques lorsqu'ils ont le sentiment que quelque chose ne va pas à la maison, de même les parents peuvent les interroger, ils ne doivent pas rester en position d'enfant impuissant devant la toute-puissance du maître.

> *Caroline*, 10 ans, assez médiocrement intéressée par la classe, s'est exceptionnellement donnée du mal pour une recherche à faire à la maison. Elle s'est même fait un peu aider de son grand frère – ce qui n'est absolument pas interdit pour un travail à la maison –, qui a toujours été brillant, et avec qui les relations sont généralement orageuses. Le maître regarde son travail, le lit à haute voix et demande à la classe de juger si elle a pu faire son travail seule. Devant la réponse négative, le maître lui met un 0. L'enfant rentre évidemment chez elle effondrée, et ne veut pas bien entendu que ses parents en parlent au maître car elle redoute l'affrontement.

Si les parents ne se manifestent pas, cela reviendra à la « lâcher » et à cautionner une injustice, une injustice flagrante doublée d'une blessure publique, décourageante à l'évidence. Ils ne peuvent pas s'abstenir. Seul le dialogue peut retourner la situation sans un affrontement au détriment de l'enfant. Une erreur peut arriver, les parents eux-mêmes se trompent parfois. Rencontrer le maître pour en parler à froid, tranquillement, souligner tout ce qu'il y avait de positif dans ce travail, aura pour effet d'une part de rendre celui-ci plus attentif à l'enfant, d'autre part de rassurer l'enfant sur ses repères, de lui montrer qu'on peut se défendre et de ne pas cautionner une relation sado-masochiste éventuelle.

Dans une étude que j'ai effectuée en 1995, je me suis aperçu que près de 80 % des enfants en échec scolaire avaient eu des troubles de la petite enfance. Ces troubles traduisent les moyens dont dispose le nourrisson pour s'exprimer : par son corps, et avant tout dans deux sphères essentielles. La sphère digestive d'abord avec l'anorexie, la boulimie, la constipation, la colique, etc. Et on ne peut s'empêcher de faire le lien entre ces troubles et la façon dont on parle des acquisitions scolaires. Tel enfant *dévore* les livres, tel autre est *écœuré* par la lecture. Tel enfant est *dégoûté* et n'a nulle envie *d'assimiler* une lecture qu'il *digère* mal. Sans parler de tout ce qui fait « *c...* » par contrainte, du *gavage* scolaire, du *manque d'appétit* pour l'école, etc. Ensuite les troubles du sommeil qui sont moins symboliques mais trahissent assez bien le fonctionnement psychique. L'oubli des rêves peut être assimilé à l'oubli des leçons et le cauchemar est facilement associé avec les contes fantastiques ou les films d'horreur dont certains enfants sont friands.

## *L'apprentissage, la famille et l'école*

Le début de tout apprentissage se fait dans la famille avec la mère. Les tout débuts de la vie sur le plan de l'alimentation et du sommeil sont des étapes incontournables de l'éducation de base.

La façon d'éduquer, c'est-à-dire la faculté pour les parents de *mettre des limites* et de *mettre des nons*, se retrouve plus tard dans l'apprentissage scolaire. Tel enfant refusant la nourriture, par exemple, peut très bien reproduire le comportement dans le domaine scolaire par un phénomène de *déplacement* extrêmement courant.

> *Aline*, 8 ans, a de gros problème en calcul. Elle prétend qu'elle ne connaît pas la multiplication et encore moins la division, alors qu'elle connaît bien l'addition. J'essaie de lui expliquer que la multiplication est une forme d'addition. Rien à faire. Elle ne peut même pas dire combien font quatre et quatre. Elle peut dire qu'un seul quatre équivaut à *une fois* quatre, deux quatre à *deux fois* quatre, mais arrivée à trois, elle ne sait plus compter, à la place de *trois fois* elle dit quatre. En fait, Aline a eu beaucoup de problèmes avec ses parents qui se sont séparés, puis revivent ensemble. Et surtout, elle n'a aucun appétit, la faire manger est un combat continuel qui ressemble beaucoup à celui que nous venons d'avoir tous les deux par l'intermédiaire du calcul. Sur son dessin il n'y a personne sauf un chien qui se trouve à côté d'un os à ronger.

Il y a donc un rapport entre la première enfance et l'apprentissage le plus élémentaire. Mais plus tard, il y aura aussi un lien entre les relations avec les parents et avec les professeurs. Là encore, un décalage, une opposition, un conflit entre ces adultes si complémentaires peut créer chez l'enfant un malaise source de problèmes scolaires.

> *Bruno* a 8 ans en CE2. Il est dissipé et distrait mais aussi provocant quand il ouvre par exemple le dictionnaire de français en cours de math! À quinze jours, il a eu une tumeur à l'aine qu'il a fallu opérer et qui a inquiété les parents. Le premier jour du cours préparatoire, il est rentré furieux : «Je n'ai rien fait, la maîtresse est nulle.» Or, Bruno est absolument furieux que sa mère rapporte ces propos. Il tente en fait avec beaucoup de mal d'utiliser l'école comme *espace* entre lui et ses parents, et ceux-ci ne supportent pas. Ils dénigrent l'école et l'institutrice pour empêcher Bruno d'opérer cette distanciation. Du coup, il est violent à la maison, hurle après sa mère et va même jusqu'à la mordre. Et la mère reprend son discours sans qu'on puisse l'interrompre : l'année dernière, dit-elle, Bruno a eu une maîtresse immotivée… De fait, Bruno résout le conflit par un compromis particulièrement efficace mais coûteux pour lui : il est d'une lenteur extrême. Le père ne rachète pas la mère, si j'ose dire. Bien que sympathique, il est lui aussi très bavard. Pour lui, l'orthographe de Bruno est nulle et il ne lit pratiquement pas. Lui aussi part bille en tête dans l'attaque réglée de l'institutrice et Bruno n'a plus rien à dire.

Il est vrai que la figure (bien nommée) du maître prend elle aussi une importance accrue face au déclin de celle des parents et du père en particulier et, si je puis dire, avec la complicité de ceux-ci. Et l'enfant réagit non seulement en fonction de la personnalité des uns et des autres, mais des rapports qui s'instaurent entre eux, à quoi s'ajoute parfois la présence du psychothérapeute. Ces rapports, il faut bien le dire, sont souvent marqués par une jalousie toujours injustifiée.

> *Sylvie* (chapitre 6) a de gros problèmes scolaires. Elle suit très régulièrement une psychothérapie qui lui fait manquer l'école. Or, son maître l'aime beaucoup et s'intéresse vivement à elle. Il supporte mal d'être supplanté dans son rôle par la figure prestigieuse du psychothérapeute dont Sylvie parle depuis un certain temps. La mère de Sylvie, elle aussi, ne jure plus que par lui, alors qu'avant elle n'en avait que pour ce maître. Celui-ci supporte mal la situation, d'autant plus que les symptômes de Sylvie ne s'améliorent guère. Elle se bloque subitement dans une dictée et prétend qu'elle ne peut plus écrire. Alors le maître se met devant elle et joue au magicien : « Imagine, lui dit-il, que je suis le Dr X… et que je t'hypnotise. Laisse-toi aller, prends ton courage et écris ! »

Pourquoi cette jalousie n'a-t-elle pas de place dans les rapports maître-parents-psychologue ? Parce que la jalousie dans ce domaine est de l'ordre de l'infantile. Chaque adulte devrait se réjouir de ce que l'enfant fasse une grande place à son maître, ou à son psychologue. Ces derniers, à moins qu'ils ne veuillent prendre la place des parents – ce qui n'est pas bon signe – ne peuvent que se réjouir de l'attachement de l'enfant à ses parents. Quant à ceux-ci, ils n'ont pas à prendre ombrage de l'attachement pour le maître. Chacun sait que c'est souvent cet attachement qui donne l'envie d'apprendre. Il serait mal venu de s'en moquer ou même de le reprocher à l'enfant ou à l'adolescent, même si on peut déplorer que les matières dans lesquelles l'adolescent est bon au collège ou au lycée soient plus fonction du professeur que des capacités de l'élève. Ce phénomène peut se produire à nouveau quand on a confié l'enfant à un psy. Mais là encore, non seulement il est normal mais souhaitable, puisque c'est à partir de cette relation que le psy pourra être entendu de l'enfant.

### *La violence à l'école*

Il est malheureusement difficile de ne pas terminer ce chapitre par le problème de la violence à l'école parce qu'elle est pratiquement inscrite au programme de la formation pratique de tout élève ou lycéen. Cette violence est tellement fréquente que ceux-ci tendent d'ailleurs à présenter le syndrome dit de Stockholm, appelé ainsi depuis que les otages eurent pris fait et cause pour leurs agresseurs. Il faut dire que, plus encore que les adultes, enfants et adolescents cherchent à comprendre et donc à excuser des manifestations qui les dépassent. C'est ainsi que pour survivre à une violence insoutenable (et inadmissible), on peut être amené à en rechercher l'origine pour tenter au moins une maîtrise intellectuelle d'un phénomène qui vous accule à la passivité.

De plus, le sentiment de culpabilité inconscient est tellement partagé que toute agression trouve après coup une justification possible et une raison plausible. C'est ainsi, par exemple, que les enfants sadisés en cour de récréation ne se plaignent pas. Au lieu d'accuser leurs bourreaux, ils cherchent en eux-mêmes la raison de cet acharnement. C'est pour les aider à comprendre leur implication, et donc leur permettre de se défendre, que le psychodrame individuel, en reconstituant artificiellement ces scènes, leur redonne la parole.

> *Étienne*, 10 ans, n'arrive pas à trouver des copains pour jouer à la récréation. Quand il vient leur demander la permission de jouer avec eux, les autres se fichent de lui et l'envoient balader. Étienne en est véritablement malade et s'accuse de ne pas savoir y faire. Quand on joue cette scène avec des adultes psychologues, on se rend compte qu'Étienne est en fait assez autoritaire, prétentieux même, et qu'il traite ses camarades comme des petits frères. Il est en effet l'aîné de trois garçons, on l'a habitué à donner l'exemple et il est pris dans ce rôle de modèle qui ne lui permet pas d'être lui-même. Il se rend compte de tout cela, surtout quand on lui fait prendre le rôle d'un de ses persécuteurs.

La violence à l'école ne se limite pas à ces relations interpersonnelles. Elle dépasse même les murs du collège quand les médias s'en mêlent, et quand elle devient un enjeu politique, sa résolution est problématique. Pourquoi, demandait l'autre jour une animatrice de l'École des parents, tel lycée n'est pas le siège d'une violence permanente, alors que tel autre, situé dans la même zone, est à feu et à sang ? Sinon parce que le premier est tenu par un proviseur ferme, souple et juste, admiré par ses élèves comme par ses enseignants. La violence n'est pas une. Il y a *des* violences*, l'une sournoise, occulte, l'autre bruyante et visible. Or, c'est la seconde qu'on prend de plein fouet, pas la première. Pourtant, celle-ci est souvent la cause de l'autre, en particulier quand elle est institutionnelle, c'est-à-dire du côté des lois, du pouvoir ou de la majorité en général. C'est pourquoi le « traitement » d'une telle violence doit se faire à plusieurs niveaux qu'il faut savoir respecter et hiérarchiser. La violence en effet est idiote quand elle est aveugle, et il faut savoir, pouvoir et vouloir la réprimer. Mais elle peut aussi témoigner d'un ras le bol légitime. À ceux qui se sentent responsables de savoir alors en dégager le sens. Mais il y a des violences qui profitent à quelques-uns et qui sont exploitées sous couvert de prétendus traitements trompe-l'œil. Là encore, les enfants et les adolescents attendent que les adultes sachent dire non et cela avec des actes.

> *Sophie*, 16 ans, est très bonne élève dans un lycée de banlieue. Elle est tombée amoureuse d'un garçon qu'elle trouvait gentil mais qui faisait partie d'une bande, ce

* voir « La jeune violence », Revue *Lire et Savoir*, dirigée par E. Brami, Gallimard.

> qu'elle a appris petit à petit. « Je n'étais jamais avec eux tous ensemble », avoue-t-elle. Petit à petit, elle se rend compte que son ami est plus attaché au chef de bande qu'à elle. Un jour, « ils » ont tenté de cambrioler chez elle. Les parents ont porté plainte. La bande du copain de Sophie a décidé de se venger. Sophie est obligée de quitter le lycée, d'habiter chez une tante jusqu'à la fin de l'année et de changer d'établissement.

Aux problèmes d'autorité vient s'ajouter manifestement un problème social. Le beau-père de Sophie a été obligé de jouer les Zorro devant la bande qui voulait l'empêcher de rentrer chez lui. Sophie en a été secrètement satisfaite. Avec l'aide de la police tout est rentré dans l'ordre, mais ces petits frimeurs auraient bien eu besoin d'un père à la maison.

# XI

## Quand les adultes déraillent

L'enfant n'est pas seul à avoir besoin qu'on lui dise non Il arrive aussi que les parents déraillent parce que leur propre éducation ne leur a pas fourni de repères suffisants. C'est pourquoi ce chapitre consacré aux mauvais traitements concerne en fait tout le monde, car, en raison de certains de leurs excès, leur dénonciation peut viser n'importe qui, et parce que l'exemple suivant montre qu'il ne s'agit pas forcément d'actions brutales et visibles.

> La professeur de piano d'*Olivia*, 11 ans, reçoit un lundi soir un curieux coup de fil de sa petite élève :
>
> – Allô Madame ? Ça va ?
>
> – Mais pourquoi appelles-tu, Olivia ? Nous nous sommes vues samedi.
>
> – Pour rien... Enfin, je voulais savoir si vous étiez là.
>
> – Pourquoi ? Tu es toute seule sans tes parents ?
>
> – Oui, ils sont partis en Angleterre jusqu'à vendredi.
>
> – Mais, quelqu'un va venir pour te garder ?
>
> – Non, si j'ai besoin de quelque chose je dois deman-

der aux voisins. Et mardi soir j'irai dormir chez une copine...

Voilà ce dialogue à la fin duquel le professeur de piano a proposé à Olivia qu'elle la rappelle régulièrement jusqu'au retour de ses parents, ce que la petite n'a pas manqué de faire.

Je ne sais pas ce que vous pensez de cette histoire. S'agit-il de mauvais traitements? À un certain point donner de l'autonomie à l'enfant frôle l'abandon. On comprend en tout cas que de tels parents culpabilisés gâtent ensuite leurs enfants et hésitent à sévir. On comprend aussi que de tels enfants finissent par se mettre en situation de danger physique ou psychique pour essayer de faire réagir leurs parents. Tout cela va dans le même sens, celui d'une absence de cadre.

## *Le droit, la famille et l'État*

Pour les juristes, la famille est un lieu de non-droit*. Mais cela n'est valable qu'à partir du moment où les rapports qui se nouent dans la famille sont bons. Ce n'est que dans les cas extrêmes que le juge peut intervenir. Les mauvais traitements ne surviennent pas dans n'importe quel contexte. Dans la majorité des cas, il s'agit de parents perturbés qui sont déboussolés par le comportement anormal de l'enfant; souvent cette désorientation est favorisée par

*Alain Benabent, *Droit Civil*, LITEC.

l'alcoolisme. Le signalement peut se faire alors par l'un des membres de la famille ou par dénonciation. Or, ce signalement indispensable n'est que le début d'une longue entreprise de médiation et d'aide, car même si les enfants sont placés d'urgence, il faudra travailler avec les parents. C'est cette situation qu'il faut gérer désormais en tenant compte des liens parfois très forts des parents et des enfants, ces derniers ayant souvent appris à « soigner » les premiers. Il arrive que les parents dépassent les limites et entrent ainsi sous le coup de la loi.

> *Claudine*, 7 ans et demi, m'est adressée pour un manque de confiance en elle. Elle minimise ses problèmes et dit ne pas avoir de souci, en dehors de difficultés à trouver le sommeil. Elle dessine un enfant qui va sous la pluie au marché avec sa mère. J'apprends par la mère que le père boit, qu'il a menacé de tuer les enfants et battu récemment son propre père. La mère a demandé le divorce.

> *Michèle*, 12 ans et demi, a eu une petite enfance difficile. Anorexique (perte d'appétit) dès le début, elle n'a pas supporté la première grande séparation d'avec sa mère qu'est l'entrée à la maternelle. Elle, au contraire de Claudine, assure qu'elle a beaucoup de problèmes. Elle a fait récemment une tentative de suicide avec des médicaments dont elle ne sait même pas le nom. Quand je lui demande pourquoi, elle répond : « Parce que j'en ai marre d'être avec mon père. » À quoi rêve-t-elle ? Que son père est en train de la battre. Dans ce cas, on fait

inévitablement un signalement au juge d'enfant après avoir vu le père qui est d'accord, car il reprend ses esprits quand il est sobre. Le juge mettra en œuvre une aide éducative en milieu ouvert (AEMO).

Mais ces cas dits sociaux ne sont pas les seuls parmi les parents maltraitants, même s'ils sont les plus bruyants. Des parents aisés et instruits sont parfois auteurs de mauvais traitements sur de très jeunes enfants que l'on retrouve aux urgences de l'hôpital, tel par exemple ce pharmacien qui avait collé au sparadrap la bouche de sa fillette de 12 mois. Là encore, il faut comprendre si on veut soigner et prévenir. Mais par rapport aux mauvais traitements physiques, l'emprise mentale est encore plus pernicieuse et difficile à codifier. Or, si tout est fait pour éviter les mauvais traitements physiques, on est démuni quant aux mauvais traitements psychiques dont les conséquences sont souvent plus graves et plus profondes. Les uns comme les autres cependant concernent la question des règles souvent difficiles à faire respecter par l'enfant, mais difficiles aussi à respecter par l'adulte lui-même.

Concernant le rapport du droit et de la famille, j'ajouterai que les droits donnés à l'enfant par des juridictions internationales et ratifiées par les pays développés sont des droits forcément retirés à la famille et donnés à l'État. Dès lors, l'État risque de donner non pas l'image juste et impartiale du juge mais celle de la mère toute-puissante par l'intermédiaire de ses représentants bien intentionnés.

## *De la dénonciation d'abus à l'abus de dénonciations*

Notre époque, suivant la mode américaine, en vient à l'obligation de la dénonciation des mauvais traitements sous toutes leurs formes. La dénonciation implique qu'un tiers se mêle d'une relation à deux, et j'ai assez dit l'utilité de cette immixtion pour ne pas y revenir. Mais ce qui était justifié à une époque récente où régnait le silence, devient maintenant une règle qui dépasse largement la mesure que motivait ce silence.

Il y a encore peu de temps, disons une vingtaine d'années, quand surgissait une affaire de mœurs dans un collège ou une famille, la règle d'or était de préserver la victime au détriment parfois de la vérité juridique. Ce n'est plus le cas actuellement puisque la loi délie le médecin du secret professionnel et l'oblige même à faire état des mauvais traitements subis par son patient. Une récente affaire a même vu condamner un psychiatre pour ne pas avoir dénoncé immédiatement un abus sexuel chez des handicapés adolescents parce qu'il souhaitait préparer les protagonistes à cette dénonciation.

Plus tard, quand la victime est devenue adulte, elle acquiert le droit de porter plainte ou non, de dévoiler ou non ce qu'elle a vécu et de parler en toute liberté au psychanalyste ou au psychothérapeute. C'est pour cela que peuvent encore se dire des traumatismes sans que soient appelés les pompiers, surtout quand le feu est éteint depuis vingt ans. L'exemple de Marie-Danièle (chapitre 5) qui se demande ce qui lui reste à dire si elle est exonérée de toute responsabilité, est une réponse cinglante à la chasse au traumatisme. On oublie que la victime a un inconscient et qu'il lui faut digérer ce traumatisme d'une façon ou d'une autre. Ainsi, actuellement aux États-Unis la mode consiste à faire «*avouer*» à des patientes fragiles qu'elles ont été atteintes dans leur enfance d'abus sexuels pour les pousser ensuite à porter plainte. On peut s'interroger sur les motivations conscientes et inconscientes de ceux qui disent vouloir défendre ainsi les victimes.

Or, ces pratiques n'étant pas orientées dans l'intérêt des patients font que ceux-ci deviennent doublement victimes.

> *Christine* vient me voir en privé pour de graves problèmes de dépression et d'inhibition. Son père est mort quand elle était toute petite, et le meilleur ami de celui-ci s'est mis en ménage avec sa mère. Dès la puberté de Christine, cet homme très perturbé a affirmé être en relation avec son ami mort. Christine en était fascinée et a de cette manière accepté qu'il la touche. Elle a ensuite subi jusqu'à l'âge de 17 ans des relations sexuelles complètes qu'elle a rompues récemment. Quand je lui demande si elle a pensé à porter plainte, elle me répond que la question n'est plus là et qu'elle cherche à comprendre pourquoi elle a eu besoin de subir pendant tant d'années quelque chose qui ne lui plaisait pas.

On observe donc actuellement un curieux décalage entre la pratique thérapeutique avec des majeurs et la pratique avec des enfants ou des adolescents. Dans ce dernier cas, en faisant un signalement, on risque de déclencher des mesures qui peuvent être préjudiciables à leur santé psychique et contraires au droit du sujet que tout le monde prétend défendre. Comme si l'éthique pouvait être *double* selon l'âge.

La dénonciation ne se limite pas aux abus sexuels. Elle concerne en effet également les abus physiques en général et on sait qu'un numéro vert est à la disposition des enfants. Cette mise sur la place publique est un progrès certain par rapport au silence qui entourait le plus souvent certaines pratiques. Encore une fois, il ne s'agit pas de remettre en question la lutte contre la violence. Mais les travailleurs sociaux naviguent sur une crête périlleuse et la limite est difficile à établir entre violence occasionnelle d'une part, et celle qui nécessite l'intervention et le signalement au procureur (puisque c'est lui qu'il faut avertir en cas d'urgence et non le juge des enfants) d'autre part. Cela donne parfois des dérapages étonnants.

> Le père de *Manuel* vient me parler de son fils qui a consulté avec sa mère auparavant. Manuel a des difficultés scolaires banales et les parents sont coopérants. À un certain moment de la conversation, il me raconte ce qui lui est arrivé récemment. Il était allé chercher Manuel au collège. Pas de Manuel. Il se renseigne : on lui dit que Manuel est parti, emmené par la police. Le père pose des questions, téléphone et finit par comprendre que le procureur de la République a confié Manuel en urgence à un foyer de la DASS (Direction de l'Action Sanitaire et Sociale). Que s'est-il passé ? La veille de ce fameux jour, Manuel a été pris dans une rafle pour un vol de moby-

> lette dont il dit n'être que le complice. Il s'est montré tellement arrogant que son père, à bout, lui a donné des coups de ceinture qui le marquent. Le lendemain c'est la visite médicale au collège. Le médecin scolaire constate les traces, interroge Manuel et téléphone immédiatement au procureur.

Très récemment, un *éducateur de rue* se plaignait à moi du nombre de signalements opérés par des travailleurs sociaux. Il prétendait que pour un rien on faisait des signalements et qu'il devenait de plus en plus difficile de travailler avec les familles, les pères voyant les assistantes sociales comme des dénonciatrices et refusant toute visite à domicile.

> Pour ma part, je rencontre à un concert une jeune femme amie qui est seule avec son fils de huit ans. Cette femme artiste vient des pays de l'Est et a bien du mal à joindre les deux bouts. Je taquine le petit qui est très déluré et travaille très bien en classe, en lui disant : « Tu sais si ta maman te maltraite tu peux me le dire, je suis un docteur qui parle avec les enfants. » Il me répond : « Ah oui, la DASS me l'a déjà dit. » L'assistante sociale était venue la veille dans la famille…

Par ailleurs, cela s'inscrit dans une ambiance de dénonciation, de délation. Certes, il ne faut pas rester indifférent, et les campagnes de sensibilisation étaient nécessaires. Mais nombre de tensions de voisinage se traduisent par des signalements abusifs, au même titre que les lettres anonymes de dénonciation qui arrivent dans les administrations. Seulement, la lettre anonyme n'a pas valeur juridique, alors que le signalement aboutit à une enquête, une intrusion dans la vie des familles, une mise en cause de l'autorité des parents qui n'est pas toujours à propos.

*Ramon*, 12 ans, a un livret scolaire qui lui vaut de la part de son père, des remontrances sonores. Les voisins, mal disposés parce que souvent incommodés par les odeurs de cuisine, signalent un cas de mauvais traitements à la DASS, laquelle effectue une enquête qui démontre évidemment l'inanité de cette intervention. Reste l'humiliation endurée par ces parents, modèle d'intégration sociale, et l'ébranlement de l'autorité paternelle auprès de l'enfant qui a lui aussi appris que cette enquête avait eu lieu.

## *Mauvais traitements physiques et psychiques*

Si les mauvais traitements physiques ont toujours des conséquences psychiques, les mauvais traitements psychiques épargnent en général les coups mais ont des conséquences parfois encore plus graves. Voici deux exemples où il est difficile de faire la part des choses.

*Pablo* a 6 ans. Sa maman est atteinte d'une maladie psychiatrique mais s'en occupe du mieux qu'elle peut et se fait suivre régulièrement. Le papa est particulièrement instable et jaloux. Pourtant, lui aussi accepte de venir parler. Pablo est un enfant en danger à cause de la pathologie de ses parents. Il est néanmoins gai et souriant et présente une certaine instabilité à l'école. Il me dit d'une façon bouleversante : « Papa s'est mis en colère après Maman parce qu'ils sont malheureux. » Comme beaucoup de ces enfants, il cherche à comprendre et aider ses parents. Il est d'ailleurs très affectueux. À l'école, il a tendance à se faire bousculer par les autres et raconte tout à son père. Celui-ci ne supporte pas de voir que son fils ne sait pas se défendre. Aussi lui apprend-il à boxer. L'autre jour, cependant, un copain est venu à la maison et le père les a surpris en train de s'examiner. Il a roué de coups Pablo en le traitant de « pédé ».

*Juliette* a 11 ans. Elle vient de sortir de l'hôpital pour une fracture ouverte mal soignée qui s'est infectée et laisse une cicatrice très disgracieuse. Elle est très dépressive et se vit comme le cobaye des médecins qui font pourtant ce qu'ils peuvent. Sa dépression est, comme souvent, une façon de retourner contre elle une agressivité qu'elle ne peut pas exprimer contre ses parents. Elle traduit cela en disant : « J'aimerais bien vivre toute seule. Comme ça je n'embêterais plus mes parents » ; ou encore : « Si je suis obligée de vivre, je voudrais vivre heureuse pour montrer à mes parents que je les aime avant les vacances. » Plus tard, elle fait une tentative de suicide en prenant les somnifères de sa mère. Cette dernière ne s'est jamais remise de la mort d'un frère et est extrêmement froide avec Juliette, tandis que le père part périodiquement sans dire pourquoi. Comme elle avait peur que ses parents se séparent et qu'elle lui demande s'ils vont le faire, sa mère répond à Juliette : « Pas pour l'instant », la laissant en plein désarroi. D'ailleurs, quand Juliette menace de se suicider en se jetant par la fenêtre, sa mère lui rétorque : « Chiche ! » Le père décrit les relations de la mère avec la fille comme l'action d'un « aimant qui prend et qui repousse », sans prendre conscience de la double signification du mot. Certes, le caractère de Juliette n'est pas facile : elle est très susceptible, dit le soir qu'elle a envie de parler et ferme sa porte à double tour, mais on a l'impression, pour le moins, d'une interaction négative entre elle et ses parents. Or, ceux-ci sont très peu coopérants et vivent les visites de Juliette aux psys comme des mises en accusation.

Il est difficile de parler de mauvais traitements dans ces deux cas, peut-être parce que la fragilité des parents est évidente et reconnue. Mais si cette fragilité consiste à réagir contre l'enfant, il faut pouvoir mettre des limites aux parents. C'est très souvent ce qu'il est possible de faire quand ceux-ci acceptent de se faire suivre. Dans les autres cas, une « Aide éducative en milieu ouvert » (AEMO) peut leur être imposée, ce qui bien souvent les soulage.

### *L'inceste*

La loi d'interdiction de l'inceste n'a pas besoin d'être formulée pour être intégrée. Malheureusement, dans certains cas, aidés souvent aussi par l'alcoolisme, les défenses naturelles cèdent chez le père. Souvent d'ailleurs, le père est un beau-père, ou n'est pas sûr d'être le père de l'enfant, ce qui facilite ce passage à l'acte. Enfin, ce crime peut toucher les filles, mais aussi les garçons et il semble bien que dans tous les cas la mère soit complice, même si par ailleurs l'inceste mère-fils reste rare. Le problème majeur c'est là encore la prévention, mais aussi la suite. Même quand le père fait de la prison, il n'est pas rare que les filles continuent à lui écrire ou à lui dessiner des cœurs quand elles sont petites, et pour peu qu'il revienne à la maison, il va bien falloir aider *toute la famille*.

> *Mme A...* a porté plainte quand sa seconde fille, âgée de 12 ans, a parlé des relations que lui imposait son père. En fait, l'aînée des filles avait subi la même chose et le dit maintenant. La nièce du père, actuellement mariée, avait dénoncé son oncle il y a très longtemps, le jour de son mariage, en l'insultant publiquement. Et puis, les choses étaient rentrées dans l'ordre, si on peut s'exprimer ainsi. Cette famille de six enfants est dans une situation sociale difficile, surendettée après avoir fait l'acquisition d'un pavillon. Mais les problèmes ne sont pas que matériels, madame amenant son amant à la maison et le père sa maîtresse. Tous les enfants sont au courant et le placement des deux aînés avait été effectué avant la plainte déposée par la mère. Il est presque certain que le père a eu au moins des gestes déplacés sur les petits. Le propre père du père a fait lui-même six ans de prison pour avoir agressé un médecin et s'est suicidé quelques mois après sa sortie. Les gar-

çons semblent épargnés dans ce milieu qui ne connaît pas de barrières, mais l'avant-dernier ne sait toujours ni lire ni écrire à 7 ans et fait des cauchemars inquiétants.

Voilà une famille chez laquelle la plainte de la mère ne fait que révéler la partie émergée d'un iceberg. Il a fallu ensuite des années à toute une équipe de CMPP pour suivre les enfants et tenter de les aider à se reconstruire, à travers placements et psychothérapies.

### *L'inceste moral et ses conséquences*

Certaines attitudes inconscientes des parents peuvent créer chez l'enfant un climat tel qu'il n'a que peu d'issues à sa disposition. C'est ce que cet enfant peut reconstituer en psychanalyse une fois devenu adulte. Il ne s'agit donc ni d'accuser les parents ni de confondre cette reconstitution avec la réalité. J'ai dit à propos de la sévérité des parents qu'elle était inversement proportionnelle à l'obéissance de l'enfant. Des parents trop sévères, par exemple, n'arrivent plus à se faire obéir ou obtiennent un conformisme de surface. Des parents trop permissifs, au contraire, ont parfois des enfants hyperscrupuleux qui s'interdisent tout. Ce paradoxe résume d'une certaine façon celui des rapports entre la vie intérieure et la réalité extérieure. Les parents trop gentils obligent souvent l'enfant à se fabriquer une image de parents répressifs ou tout simplement celle d'un dieu sourcilleux et exigeant. C'est pourquoi les parents réels peuvent paraître excellents à leur entourage et donner une image très différente à chacun de leurs enfants. Cette différence même prouve le travail de l'inconscient. C'est le cas en particulier dans certaines circonstances exceptionnelles, mais qu'il vaut mieux expliquer ici dans un but préventif parce qu'elles sont l'occasion d'éclosion de maladies mentales.

*Fanny* est très amoureuse. Elle épouse sans le connaître Gérard. Rapidement enceinte, elle découvre que Gérard se met à boire puis à se droguer. Gérard n'a pas connu son père et a été élevé seul par sa mère, il ne supporte pas d'être père sans savoir ce que cela veut dire. Fanny vit cette grossesse comme une épreuve horrible. Elle est soutenue par ses parents mais fait sans cesse le lien entre la déchéance de Gérard et le bébé qu'elle porte dans son ventre. Elle accouche seule car ce jour-là Gérard est récupéré par le SAMU pour une overdose. Tout l'apprentissage de leur bébé se fera dans ce contexte. En fait, le bébé n'aura pas de véritable apprentissage et à 5 ans il ne parle pas, agit sans cesse mais possède un regard d'une grande intensité : les psychiatres diagnostiquent une psychose infantile et prônent un hôpital de jour, mais Fanny ne peut pas comparer son enfant à ceux qu'elle aperçoit dans cet établissement.

*Joseph* est le petit-fils d'un grand physicien. Ses parents se sont mariés par amour et il est leur dernier-né. Là-dessus, le père fait la guerre d'Algérie et est tué dans des conditions atroces. La mère ne s'en remet pas.

> À partir de ce jour, elle devient quasiment folle et parle à Joseph comme à son défunt mari. Le grand-père se rend compte de la situation, alerte les plus grands pédopsychiatres : il est complètement impuissant. Rien ne peut enrayer l'évolution de cet enfant qui va avoir les plus grandes difficultés à travailler à l'école et à avoir des relations normales avec les autres. Ses frères et sœurs sont épargnés par cette relation exclusive dont la mère est inconsciente. Cette femme est fuyante, elle voit les psys comme des ennemis qui vont l'accuser et ce sentiment de culpabilité l'empêche de faire machine arrière.

Dans ces deux cas, et pour des raisons fort différentes, la mère se sent soudain seule avec un enfant dont le père n'est plus son interlocuteur privilégié puisqu'il est hors d'atteinte par sa pathologie ou par la mort. De tels enfants doivent et peuvent être aidés, mais on ne peut le faire sans aider également la mère parce que celle-ci risque de vivre la relation de son enfant avec un psy comme une nouvelle séparation. On comprend aussi la marge de manœuvre difficile du thérapeute pris entre l'envie de crier « au secours » avec une attitude interventionniste et l'aide neutre qui peut être interrompue du jour au lendemain. Dans certains cas où le parent est malade mental, l'appel au juge peut aider le thérapeute à soigner l'enfant et non empêcher le traitement, comme certains pourraient le croire. Le parent a en effet besoin des limites qu'on lui impose, ce qui le rassure et permet le traitement de l'enfant.

### *Le couple mère-fils ou père-fille. Des complexes d'Œdipe très complexes*

Il est certaines situations qui, si je puis dire, poussent le complexe d'Œdipe dans des retranchements dont nous allons examiner l'issue. Tout le monde connaît le complexe d'Œdipe dit normal et positif. Pour le garçon, c'est posséder la mère et tuer le père. Heureusement, tout cela reste à l'état de velléités! Néanmoins, le garçon vit ses intentions comme susceptibles d'être sanctionnées par le père et c'est cela qui lui permet de se tourner vers d'autres femmes en prenant d'ailleurs exemple sur son père. Pour la fille, c'est un peu plus compliqué, comme toujours. La fille, attachée comme le garçon à sa mère, comprend qu'elle n'a pas d'autre espoir que d'attendre un don de la part du père du même ordre que celui qu'il a fait à la mère : un enfant. Il lui faut ensuite renoncer au père et chercher ailleurs pour réaliser ce désir.

*Or, dans certains cas, l'enfant garçon ou fille n'arrive pas à réaliser la dernière étape, à savoir le renoncement à la mère pour le garçon et au père pour la fille.* On peut parler alors de *fixation*, c'est-à-dire d'une relation tellement puissante qu'elle a du mal à se détacher de son premier objet. Cette fixation dépasse donc le complexe d'Œdipe normal. Dans celui-là justement c'est l'autre parent qui met le holà à un amour trop exclusif et aide l'enfant à renoncer à cette fixation. Sinon c'est l'homosexualité qui risque de se concrétiser.

*Miguel* a toujours été le préféré de sa mère. Elle ne

saurait dire pourquoi mais il lui a toujours rappelé un frère décédé qu'elle aimait énormément. Or, Miguel a été un enfant modèle, d'une sagesse exemplaire, en avance sur son âge et avec des traits extrêmement fins. Il est le dernier d'une fratrie de cinq et est venu dix ans après le dernier. C'était une naissance inespérée. Dès le début, son père s'est trouvé totalement exclu de la relation, comme s'il était en trop. Il le disait souvent en plaisantant, mais lui-même était en admiration devant ce bébé. Celui-ci a grandi, l'enfant est devenu un garçon timide mais très éveillé qui avait des relations privilégiées avec certains de ses professeurs, et toujours la même complicité avec sa mère. À l'adolescence, il est devenu plus taciturne et ses parents consultent alors un psychologue. Miguel est un peu maniéré, sans plus, parle abondamment et se dit plus proche des filles que des garçons qu'il trouve trop brutaux.

Il y a dans ce cas, comme dans beaucoup du même genre, le même schéma stéréotypé. C'est dans les psychanalyses d'adultes que l'on peut repérer un mécanisme inconscient qui dépasse complètement les intéressés. Dans ces cas, en effet, le garçon ne fait qu'une étape du complexe d'Œdipe. Il se contente de l'amour exclusif pour la mère. Cet amour chaste a cependant beaucoup de connotations incestueuses et c'est ce que peuvent remarquer les proches, même quand ils sont loin de toute psychologie. L'issue de cet équivalent d'inceste pour le garçon, c'est de s'identifier inconsciemment à sa mère, d'être comme elle. C'est aussi le seul moyen qu'il a de se séparer d'elle.

*Bernadette* est, elle, l'aînée d'une famille nombreuse. Le couple parental est extrêmement soudé mais aussi très replié sur lui-même. Le père, très anxieux, mais ne le montrant pas, se repose sur sa femme pour toutes les décisions du ménage. Bernadette se sent des affinités extrêmes avec son père et développe pour lui un amour passionné qui ne s'extériorise jamais. De la même façon, bien que respectant sa mère, elle nourrit au fond d'elle un grand mépris pour son manque de culture. La mère est exclue de la complicité intellectuelle que Bernadette a avec son père dont elle satisfait la fierté au-delà de ses espérances. Plus tard, Bernadette aura une allure de plus en plus masculine et aucune envie de se marier ni d'avoir des enfants.

### *Quand l'autre parent ne dit pas non*

Ce qui rassemble finalement les abus physiques ou psychiques, c'est que dans tous les cas, l'autre parent ne peut empêcher son conjoint d'établir avec l'enfant une relation anormale. L'enfant se trouve donc soumis au bon vouloir ou à la toute-puissance d'un seul. Pourquoi cette impuissance ? Je l'esquisserai au prochain chapitre. Toujours est-il que la conséquence principale et commune, en plus des traumatismes spécifiques, c'est que l'enfant se sent *à part des autres, qu'il n'a pas l'impression d'être dans le même monde, ou bien encore que son monde n'est pas régi par les mêmes lois que celui qui l'entoure.*

Cette impression risque de durer toute la vie et cela explique le besoin légitime des victimes de faire savoir leur condition, c'est-à-dire avant tout de se faire connaître, de montrer que cela existe et de poser – par médias interposés – les vrais problèmes. Ce livre est aussi une façon de dire ces problèmes, sans accuser personne. Car comment accuser de quoi que ce soit un adulte qui a fait comme il a pu, sans avoir de recours ou d'interlocuteur ? C'est une des différences avec les traumatismes physiques ou sexuels, mais dans ces cas l'accusation, le procès ne sont pas forcément non plus la solution. C'est en tout cas ce que disent Christine (ce chapitre) et Marie-Danièle (chapitre 5). Car au-delà de la punition du coupable, comment réparer le préjudice ? Voici une autre histoire qui illustre ce dilemme.

> *Frédéric* (chapitre 9) a dormi jusqu'à 13 ans dans la chambre de ses parents. Il a observé tout ce qu'un enfant n'apprend que progressivement et autrement que par un spectacle obligé et paralysant. Mais surtout, il est associé par sa mère à tout un cérémonial pseudo-religieux d'un culte domestique qui évoque plus les divinités romaines que la religion catholique. Un véritable autel se dresse sur la cheminée, dédié à je ne sais quel saint. Frédéric et sa mère font leurs prières pour exorciser sans doute des démons nocturnes. Le père, faut-il le dire, brille par son absence, à part son intervention sur le prénom de Frédéric à la naissance, ce qui a sans doute épargné à celui-ci de plus grandes souffrances. Mais du coup, Frédéric vit sa mère comme une véritable prêtresse d'une religion dont il va ensuite trouver les échos chez les bons pères

où il ira en pension. Il y a là une véritable collusion dont le père réel a été exclu. Pour Frédéric, sa mère reste un idéal absolu. Il lui est impossible de la critiquer et littéralement de la déboulonner. Sans elle, il se sent impuissant et déprimé. Cette statue, c'est lui qui l'a reconstruite dans son esprit et elle le protège, croit-il, des mêmes maléfices que lorsqu'il était enfant. Devenu adulte, Frédéric a tendance à être déprimé chronique. Chaque fois qu'il émerge de cet état, la statue de la mère, tel le commandeur, resurgit. Il ne peut l'abattre sans être coupable et ne peut vivre sans qu'elle renaisse.

De l'abus physique et sexuel à l'abus psychique, la distance n'est pas longue. Il y a pourtant de l'un à l'autre toute l'épaisseur de la réalité. Hormis leur point commun qui, je l'ai dit, reste l'impression d'être à part, les conséquences psychologiques sont très différentes, même si elles peuvent se résoudre en partie ou totalement par une cure psychanalytique. Mais tous les deux résultent de l'impossibilité d'un parent de dire non à l'autre devant un comportement qui pourtant crève les yeux.

# XII

## Pouvoir dire non

Savoir dire « non » ne suffit pas. Il faut d'abord pouvoir. Certaines personnes ne peuvent pas dire non. Peur de s'affirmer, peur de faire de la peine, peur de ne pas être aimé. Toutes les raisons sont bonnes. Mais que cette impossibilité se manifeste au bureau ou à la maison, il y aura toujours quelqu'un ou quelque chose pour dire non à la place de cette personne. C'est un des paradoxes de cet aphorisme dans lequel « dire » n'est finalement que la constatation d'un état de fait : tout n'est pas possible. Si l'on étend cela à la société, on constate qu'il n'est pas à la mode de dire non. Les politiques les premiers, à part quelques exceptions notoires, ne disent plus jamais non. Ici aussi, la réalité s'en charge à leur place. Pourtant, l'éducation civique, comme l'éducation tout court, ne devrait pas laisser la réalité objectiver le refus dans une absence de choix. Le refus au contraire doit pouvoir s'incarner et se dire s'il veut être réfléchi et non le fait des circonstances et des aléas. Incarner ce refus n'est facile ni pour le politicien, ni pour le père de famille. C'est même de plus en plus difficile à une époque où priment le court terme et la satisfaction immédiate.

## *Justice, pédagogie, psychanalyse ?*

Il est possible, là encore, que la diffusion de la psychanalyse, et donc sa méconnaissance soit en partie responsable de ce courant généralisé. J'en prends pour preuve l'infiltration et l'inflexion des discours juridique et pédagogique par l'idéologie psychanalytique, c'est-à-dire par les idées freudiennes extirpées du cadre psychanalytique lui-même.

> C'est ainsi que la *défense sociale nouvelle* concrétisée par l'ordonnance du 2 février 1945, vise à prendre des mesures *au bénéfice de celui* qui en est l'objet pour *le délivrer* du risque de tomber ou de retomber dans la délinquance… Elle préconise un traitement destiné à lui *faire prendre conscience de ses possibilités*… Cette ordonnance a déjà été accusée lors de sa promulgation de « déjuridicisation » exagérée du droit*. On lit dans la même revue que « l'accompagnement » du jeune délinquant passe par plusieurs phases qui ressemblent beaucoup à celles d'une thérapie, car il s'agit avant tout pour le jeune « d'avoir eu le sentiment d'être entendu » et de l'amener à « comprendre les causes et les conséquences de la transgression de l'interdit et de l'acte délictueux possible ».** Certes, ces intentions sont éminemment louables mais on peut s'interroger sur cette « thérapie », car c'en est une, faite en milieu non neutre par des non-spécialistes.

---

*Thierry Cretin, Procureur de la République, in *Enfance Majuscule* n° 24. C'est nous qui soulignons.

**Richard Sancho Andreo.

On retrouve exactement la même déviation à l'*Éducation nationale* et on entend par exemple parler du « sujet qui doit émerger grâce au lien pédagogique », ce qui contraste avec l'affirmation suivante : « pour une minorité d'enfants, la vie scolaire peut être l'objet de la psychopathologie », que l'on retrouve sous la plume d'auteurs de l'Institut National de Recherche Pédagogique.* C'est que ces spécialistes de la pédagogie utilisent eux aussi les données *théoriques* de la psychanalyse, créent des activités d'*éveil*, définissent la pédagogie de *soutien*, laquelle soit dit en passant s'occupe des « difficultés d'ordre corporel, sensoriel, affectif, linguistique ou intellectuel » (sic !). Mais s'ils disent ouvertement rechercher « l'épanouissement et l'équilibre de la vie affective », c'est bien entendu dans le but de favoriser les apprentissages et la réussite scolaires. Or, sans même qu'ils s'en rendent compte, cette *finalité* rend leur projet caduc car il se heurte à cette psychopathologie qu'ils veulent ignorer, comme ces parents qui s'étonnent de l'échec de leur enfant alors qu'il font « tout pour eux ». Les enfants ne s'y trompent pas et comprennent par exemple très vite quand ils sont orientés (« pour leur bien ») sur une voie de garage.

Ces déviations sont autant de renonciations. La justice ne veut plus juger, l'Éducation nationale ne cherche plus à enseigner, toutes les deux veulent *comprendre* et ne plus imposer, ne plus dire non. Comme leurs tâches sont difficiles, elles se tournent jalousement vers la psychanalyse

***Recherches Pédagogiques* n° 68.

comme si là était la clef de leurs échecs. Mais dans le même temps, elles la vident de son efficacité, qui réside dans le respect des conditions qui l'autorisent, à commencer par la présence d'un psychanalyste lui-même. C'est ainsi que l'école – pour ne parler que d'elle – supporte très mal tout ce qui ne vient pas du sérail, forme ses propres psychologues et prétend tout régler elle-même.

## *Quand l'enfant dit non*

Si la Justice et l'Éducation nationale réagissent de cette façon, c'est qu'elles se heurtent en effet à la résistance active du délinquant ou à la résistance passive du mauvais élève. Ces résistances peuvent prendre des proportions énormes, car c'est souvent là, dans cette faculté de s'opposer, que réside la volonté invincible de certains sujets. Toutes proportions gardées, certains enfants de 18 mois, dans la phase dite d'opposition, semblent dotés d'une volonté de puissance qui peut faire peur aux parents. Cette peur explique peut-être le comportement parfois aberrant de certains parents.

> *Robert*, 13 ans, délinquant en herbe, reproche ouvertement à ses parents de ne jamais leur avoir interdit quoi que ce soit, à ses frères et à lui. Il peut le dire, car il est dans le cabinet du pédopsychiatre et on l'invite à parler. C'est un véritable cri du cœur auquel sa mère répond aussitôt : « J'ai toujours attendu que vous me disiez de quoi vous aviez envie. »

Les parents de *Francis* consultent parce que celui-ci, 12 ans et demi, est en complet échec scolaire. Lui aussi semble un enfant gâté qui n'a jamais rien eu à demander, tellement on allait au devant de ses désirs. Au cours de la conversation, on apprend incidemment qu'il y a seulement un mois que sa mère a cessé de le laver dans son bain.

Peut-être est-ce la peur d'être dominé par son fils qui conduit le père d'*André* à le punir depuis sa toute petite enfance d'une façon extrêmement sadique. Non seulement il lui fait subir des sévices à base d'humiliations, graduels selon la faute commise, mais encore il filme ses aveux en vidéo pour les lui repasser ultérieurement. La façon de dire non d'André ne pourra se manifester que sous la forme d'une maladie mentale à l'adolescence.

Robert faisait tout pour que cesse le laxisme de ses parents, et à défaut d'y parvenir, provoquait la société. Quant à Francis, il payait par son échec scolaire l'impossibilité d'empêcher sa mère de le laver. Car les enfants ont au moins autant de mal à dire non que les parents ! Ils le font comme ils peuvent, par la *maladie*, le *comportement*, un *symptôme* scolaire ou corporel. Parmi ces derniers, la *lenteur* est un langage de choix : elle permet de dire son opposition de tous les instants sans la verbaliser, ce qui induit les parents à l'erreur.

*Blandine*, 11 ans, est une petite fille d'une rare volonté. Elle est têtue comme une mule. Quand elle a décidé quelque chose, rien ne peut la faire dévier de son choix. Avant-dernière de la fratrie, elle s'est sans doute sentie détrônée par l'arrivée deux ans après sa naissance d'un garçon très attendu. Elle est très méticuleuse, passe des heures à ranger ses affaires et fait de véritables crises lorsqu'on les déplace pour faire le ménage. À l'école, elle est relativement bonne élève mais n'arrive jamais à terminer à temps. Pour sa toilette, c'est encore pire, elle bloque la salle de bains, sauf pendant les vacances et lorsqu'elle a décidé de sortir avec une copine.

Enfin, c'est parfois avec le corps que l'enfant s'oppose parce qu'il ne peut pas faire autrement. La *constipation* par exemple peut être une façon souvent masculine de s'opposer à une mère exigeante. Mais l'absence d'appétit, l'*anorexie*, est une façon redoutable de dire non sans le dire.

*Flore* avait dans l'enfance des accès de boulimie qui lui donnaient un aspect un peu « enrobé ». Sa mère, sans être obèse, a une surcharge pondérale certaine. C'est une personne joviale mais anxieuse pour qui la nourriture est une façon de lutter contre l'angoisse. Elle a souvent obligé Flore à terminer son assiette de façon autoritaire, faisant de la nourriture un enjeu de pouvoir. Mais, à partir de 12 ans, celle-ci a décidé de faire un régime draconien. Elle se pèse tous les jours et calcule méticuleusement les calories qu'elle ingurgite. Les parents ont consulté, craignant la fameuse anorexie mentale. Mais Flore n'a pas vraiment, ou pas encore perdu l'appétit. C'est pourtant ce risque majeur qu'elle court. Or, ni la mère ni le père ne peuvent s'opposer à ce comportement à risque.

Comme on le voit, les parents ne peuvent s'opposer à des enfants qui réagissent de cette façon et dont les habitudes sont véritablement *ancrées*. Mais si les habitudes ont été prises en général très tôt, c'est aussi parce que les parents n'ont pas pu les empêcher plus tôt.

### *Quand vient l'adolescence*

L'attitude des parents doit s'adapter à l'âge et aux progrès de l'enfant. Celui-ci doit sentir que les interdits évoluent et qu'il est profitable de grandir. Chaque palier dans cette évolution doit pouvoir être célébré comme tel et valorisé par les parents, même si cela se fait dans une certaine transgression.

*Luc*, 11 ans, en CM2, a toujours eu des problèmes avec l'école. Déjà le premier jour de l'école maternelle, il s'était sauvé pour revenir chez lui. Il est assez gâté et semble être le centre de la famille. Celle-ci, pourtant bien implantée en Alsace, a été obligée de venir à Paris pour des raisons professionnelles, l'entreprise qui employait le père ayant dû fermer ses portes. Luc dit ce qu'il pense, sans gêne, avec une détermination assez surprenante. L'autre jour sa maîtresse lui a fait une remarque et l'a même puni, injustement à ses yeux. Luc, en sortant de l'école, a dit à son petit frère qu'il partait à Strasbourg chez ses grands-parents. Ce

> qu'il a fait avec une maîtrise étonnante pour son âge. Les parents se sont tout de même inquiétés jusqu'à ce qu'ils reçoivent un coup de fil de la grand-mère les informant de l'arrivée de Luc. À son retour à la maison, ils étaient tellement étonnés et peut-être admiratifs qu'ils n'ont pas sévi.

Ce pré-adolescent semblait lui-même étonné de son audace en racontant sa fugue. Il est certain que, dans ce cas, sévir après coup n'aurait servi à rien. **Aussi, tous les conseils que j'ai pu donner dans ce livre sur l'éducation et la nécessité de dire non semblent s'inverser au moment où s'amorce l'adolescence.** Au lieu de s'opposer, il vaut mieux au contraire que les parents deviennent souples. Même si l'adolescent continue de présenter des traits de caractère infantiles, ce qui est le propre de l'adolescence, ils doivent reconnaître que l'enfant commence à devenir un adulte et le reconnaître comme tel. Cette reconnaissance se concrétise par plusieurs détails qui acquièrent une importance colossale. Frapper à la porte de la chambre, par exemple, ne pas faire le ménage d'office. Respecter la pudeur, nouvelle parfois, et patienter à la porte de la salle de bains. L'adolescent a besoin d'abord de *respect*, ensuite de *dialogue*, de *compréhension* enfin. Face aux nouvelles contraintes qu'il rencontre dans la vie et à l'abandon parallèle et obligé de la dépendance infantile, l'adolescent a besoin d'aide et de soutien. Si l'interdit doit dans certaines circonstances être formulé, c'est avec beaucoup de prudence, d'avis et de dialogue, ce qui lui donnera, soit dit en passant, tout son poids. En revanche, l'interdit dicté par l'angoisse et formulé à défaut de paroles risque fort d'avoir l'effet inverse de celui qu'on escomptait. C'est à cet âge que le décalage entre l'idée que se font les parents de leur enfant et ce que devient leur adolescent est le plus grand.

> *Carmen* a 18 ans. Elle a eu depuis toute petite des problèmes de langage pour lesquels elle a été rééduquée. Elle est asthmatique et a fait une déshydratation aiguë quand elle était toute petite. C'est la seconde d'une famille de quatre enfants. Actuellement, son moral n'est guère brillant. Elle vit sa vie comme un échec, ne se trouve pas belle, ne s'entend pas bien avec ses parents. Elle a une passion pour un chanteur et aime les garçons plus âgés qu'elle : son père est contre, dit-elle. Celui-ci se reconnaît curieusement en elle : « Moi aussi j'étais amoureux platonique à son âge. » Et il admet qu'elle puisse avoir des difficultés : il l'a inscrite dans une chorale pour qu'elle arrive à mieux prononcer. Elle fait beaucoup de câlins avec lui, ce qu'il trouve parfois un peu exagéré.

Comme on le voit, différences et ressemblances ne sont pas très éloignées les unes des autres, et parfois c'est justement pour cela que l'adolescent(e) tente de se démarquer de ses parents. C'est pourquoi dialogue et patience sont souvent les seuls remèdes pour cette période difficile.

### *Comment faire machine arrière ?*

Certains parents seront peut-être tentés de se demander comment faire quand ils ont le sentiment d'avoir raté l'une des étapes (et souvent la toute première) de l'éducation à la frustration. Quand ils se rendent compte par exemple que leur enfant réclame directement ou indirectement les interdictions qu'ils n'ont pas su ou pas voulu lui donner à temps. C'est à ce moment, je crois, que les parents ont souvent besoin d'une aide extérieure. Certes, comme le dit l'adage : « il n'est jamais trop tard pour bien faire ». Mais le poids des habitudes est tel qu'on ne voit pas comment les choses pourraient changer par un coup de baguette magique. Même si les parents déclaraient solennellement qu'« à partir de maintenant tout va changer », l'effet de surprise passé, tout retomberait vite dans les mêmes ornières.

> *Noëlle*, 12 ans, aînée de deux garçons, est tellement préoccupée par les problèmes familiaux qu'elle a beaucoup de mal à suivre en CM2. Les parents accusent le maître de laxisme, alors que Noëlle, jalouse de sa mère, boude, la tape même. Le père raconte cela en faisant mine de n'être pas impliqué : Noëlle refuse de grandir, n'a pas envie d'avoir ses règles et reconnaît qu'elle n'ose pas dire à ses parents qu'ils pourraient essayer de s'entendre mieux et qu'elle pense que son père se laisse dominer par sa mère. Elle reconnaît qu'elle a beaucoup d'affinités avec son père et même qu'elle a un faible pour lui. De son côté, la mère ne comprend pas que son mari lui reproche de trop parler avec Noëlle.

Bref, cette consultation à elle seule va permettre de remettre les pendules à l'heure. Pourquoi ? Parce qu'il s'agit ici d'un problème d'adolescence avant tout et que l'adolescence crée des conflits relativement simples à dénouer. Ces conflits sont en rapport avec une réactivation du complexe d'Œdipe par le seul fait de l'approche de la puberté, c'est-à-dire de la possibilité imaginaire, mais nouvelle, de réalisation des désirs de l'enfant devenant adulte. Le simple fait de parler permet fréquemment aux protagonistes de prendre conscience, parfois avec humour, de cette dimension et de prendre une place neuve au sein de la famille. Il suffit par exemple que le père soit moins complice, la mère moins rivale, et que la jeune fille puisse exprimer à un tiers les tensions qui l'animent au sein de ce trio.

### *Pouvoir dire non à l'enfant adopté*

L'une des preuves que dire non à un enfant est une forme d'amour se concrétise avec l'enfant adopté. Il arrive souvent en effet, en cas adoption tardive, par exemple, que le parent ne puisse interdire quelque chose qu'à partir du moment où il considère l'enfant vraiment comme le sien.

> *Olivier*, 16 ans, est né d'une liaison de sa mère et a été reconnu par son beau-père. Il est l'aîné de trois garçons et sait que son géniteur est algérien mais n'a pas l'intention de le rencontrer. Il serait plus exact de dire qu'il agite périodiquement comme une menace le fait d'aller voir comment est son père. En fait, Olivier n'en a nulle envie mais pleure si on évoque sa naissance. Parallèlement, si je puis dire, il refuse d'embrasser son père légal.

Il a profité de vacances à l'étranger pour fumer du hasch et a poussé la provocation jusqu'à en cultiver sur son balcon. Son père véritable, puisqu'il l'a reconnu et élevé, est tout intimidé devant ce grand gaillard qui le nargue, et n'ose lui donner des gifles qu'il réserve à ses « vrais » enfants, ceux qui sont de son sang. De son côté, Olivier trouve que son père n'est pas assez sévère avec lui et attend placidement une sanction qui ne vient pas.

*Diego* a été adopté à l'âge de 5 ans, en même temps qu'un de ses copains qui a exigé qu'on l'adopte avec lui dans un orphelinat d'Amérique centrale. Il avoue lui-même (il a maintenant 15 ans) : « Je cache, je vole, je falsifie. » Son copain devenu son frère est totalement différent. Les parents ne savent plus comment faire avec lui, car une fois son forfait commis, il regrette, pleure et dit qu'il ne recommencera pas. Quand on le punit, cela n'a aucun effet, ou plutôt il supporte la punition avec une facilité déconcertante. Il se bat avec son frère dont il est très jaloux et même avec son père. Cette jalousie va se manifester de façon ouverte grâce à un psychodrame individuel. On s'aperçoit en reconstituant la vie de famille que, si le lien avec le père est acquis (son père dit, par exemple, « c'est mon fils à cent pour cent »), il n'en va pas de même avec la mère, dont Diego se méfie. Il interprète toute ses attitudes dans un sens négatif. Ce n'est que grâce au psychodrame, c'est-à-dire au fait de pouvoir revivre artificiellement l'abandon par la mère réelle, que Diego pourra adopter ses parents et voir naître chez lui la vocation de créer un orphelinat pour enfants abandonnés. La conduite délinquante cessera complètement à partir de ce traitement. Dans ce cas, c'est le *traitement* qui a permis que l'adolescent entende enfin quelque chose de l'interdit.

Dans un cas d'adoption, avec ou sans consultation, pouvoir dire non revient pour le parent à pouvoir s'autoriser à être parent. On comprend grâce à ces enfants qu'**être parent, aimer ses enfants de façon désintéressée, consiste précisément à pouvoir s'opposer à eux.**

### *Pouvoir dire non soi-même*

Certains parents se sentent tout à fait parents avec leurs enfants, mais semblent perdre mystérieusement leur pouvoir quand d'autres membres de la famille sont là. Cette perte de pouvoir ou cette démission est durement ressentie par l'enfant qui comprend confusément que ses parents abdiquent en faveur de quelqu'un de plus puissant à qui ils se soumettent. C'est ce qu'on peut parfois observer dans les réunions de famille, dans la maison de vacances des grands-parents par exemple. Ce qui se rejoue à ce moment-là, ce sont, par enfants interposés, les relations fraternelles infantiles et les rivalités mal digérées.

*Bernard* a 11 ans et demi, est intenable en classe et à la maison. Le père est ingénieur, la mère est kinésithérapeute. Elle rejoint pendant les grandes vacances son frère qui est dans les Vosges. Bernard n'est pas réticent et parle facilement de ses problèmes de discipline qui commencent à l'inquiéter parce qu'ils ne lui causent que des ennuis. Son père dit que rien ne le touche, ni le raisonnement ni la menace : « Il continue de rentrer avec une heure de retard alors qu'il a été puni la veille. » Ce que ne sait pas Bernard, c'est que son père a été hospitalisé plusieurs fois pour dépression. On lui a parlé de je ne sais quelle maladie organique et, quand le père est rentré, il ne fallait pas faire de bruit. Le père arrive à se sortir de ce marasme par une passion véritable pour la lecture, mais il semble avoir perdu tout pouvoir paternel aux yeux de sa femme. Elle a installé son cabinet dans l'appartement et il est obligé de se cloîtrer dans le salon pour laisser passer les clients. Pendant les vacances, la mère de Bernard, seule avec ses deux garçons, donne tout pouvoir à son frère pour corriger Bernard. Celui-ci ne le supporte pas et a même fait une fugue pour rejoindre son père, ce qui a vivement inquiété toute la famille.

Ce pouvoir donné à des oncles ou tantes est très dommageable pour l'enfant qui voit ses parents dévalorisés sous ses yeux. Mais cette dévalorisation est encore plus patente quand il s'agit des *grands-parents*.

*Sylvie* (chapitre 2) assiste un week-end à une dispute entre son père et ses grands-parents paternels. À peine arrivé à la campagne, celui-ci a en effet reçu un coup de téléphone de son amie et a alors déclaré qu'il ne partagerait pas le repas familial. Le père de Sylvie est divorcé et comptait sur cette réunion de famille pour laisser ses

> enfants à leurs grands-parents et s'éclipser. Fureur des grands-parents, répliques cinglantes du père de Sylvie à sa propre mère qu'il accuse de ne pas l'avoir élevé. Bref, règlement de compte devant les enfants. Sylvie constate *de visu* que son père est *aussi* l'enfant de ses parents et qu'en plus il leur délègue l'autorité, puisqu'il leur confie ses enfants au moment où il devrait s'occuper d'eux.

Il arrive aussi que les grands-parents soient abusifs et interviennent dans l'éducation de leurs petits-enfants, ce que ceux-ci supportent en général très mal. C'est le cas en particulier quand les parents n'ont pas fait, ou pas terminé, leur propre crise d'adolescence. Ils n'ont donc pas véritablement coupé les ponts avec leurs parents. Ils ne se sont pas séparés et ne savent pas comment le faire, tout simplement parce qu'ils n'en voient pas la nécessité. Dans ces cas, il arrive fréquemment que le conjoint s'interpose en tiers, évalue la situation et la restitue au parent concerné. Son rôle est difficile, sauf quand son partenaire prend conscience de la situation et profite de son aide.

### *Pouvoir dire non, c'est pouvoir « dire »*

Si l'un des parents se sert de son conjoint pour pouvoir se séparer de ses propres parents (et donc leur dire non), c'est que ce ne doit pas être une chose facile. C'est pourtant la condition sans laquelle il lui est bien difficile de dire non à ses enfants. S'affirmer parent nécessite que l'on ait fait non pas forcément une « crise » d'adolescence, mais qu'on ait réellement dépassé cette période qui fait de nous un adulte.

> *Hubert* avait 9 ans et demi quand ses parents se sont séparés, alors qu'ils venaient de construire un pavillon. Il est toujours énurétique et les parents se plaignent qu'il soit encore dans une phase d'opposition totale. Il ne semble pas perturbé par la séparation mais a l'air d'en jouer : « Papa ne sait pas que je sais », dit-il. Il prend ouvertement le parti de sa mère : « Papa ne s'occupe plus de nous, il part le plus souvent ; l'autre fille, elle est méchante, elle prend Papa. » Le père tient à remplir tout de même son rôle mais avoue : « Il manque une tierce personne. » C'est le dernier de cinq garçons. Depuis l'âge de 12 ans, il a vécu seul avec sa mère car son père buvait. C'est son frère aîné qui a joué pour lui un rôle de père. Il a du mal à se faire obéir d'Hubert, mais quand il dut s'occuper seul de lui pendant que la mère se faisait opérer, l'énurésie a cessé. S'il a du mal à s'opposer à Hubert, c'est parce qu'il se sent coupable et qu'il vit sans doute à travers son divorce une séparation difficile avec sa propre mère. Du coup, ce père demande de l'aide comme un adolescent et a besoin de notre soutien, d'autant que Hubert a le don de le culpabiliser avec toute sa perversité infantile.

Ce soutien que réclame le père d'Hubert, certains parents ne peuvent le trouver que grâce à une démarche psychanalytique. Seule la psychanalyse, en effet, par la réélaboration du passé, par l'appui que le sujet trouve dans le personnage du psychanalyste, permet à la personne de retrouver une autorité qu'elle croyait ne pas avoir ou avoir perdue. C'est que finalement *dire non, c'est* dire *tout court*. Beaucoup de patients en analyse arrivent un jour en séance en déclarant : « Ça y est! J'ai enfin pu m'opposer à… mon patron, mon épouse, mes enfants… » La liste n'est pas exhaustive. Ils vivent cela comme une conquête et c'en est une effectivement. Si bien qu'on peut se demander ce qui les empêchait jusque-là de dire ce qu'ils pensaient. Car dire non, c'est en fait dire tout simplement ce qu'on pense, ce avec quoi on est ou on n'est pas d'accord. Et le patient est tout étonné que cela ne soit pas plus difficile que ça. Si ça l'était dans le passé, c'était à cause de tous les risques infantiles qu'il y avait de s'affirmer face à des parents trop durs. Or, contrairement à ce qu'on pourrait imaginer peut-être, c'est encore plus dur de s'affirmer devant des parents qui vous demandent sans cesse : « Dis-moi de quoi tu as vraiment envie? » C'est pour cela que les parents doivent savoir *dire* non. Non pas s'opposer systématiquement, mais bien au contraire dialoguer calmement pour pouvoir mettre des limites à l'enfant et parfois même ne pas lui en donner la raison. Dire non revient finalement à montrer à l'enfant que sa parole à une valeur. Dans ce sens dire non c'est prouver à l'enfant que lorsque les parents disent oui, c'est vraiment oui que cela veut dire.

# Conclusion

Si la famille reste l'entité de base de notre société, celle-ci lui rappelle volontiers ses devoirs mais lui conteste souvent ses droits dans les faits. Ceux qui lui confisquent ses droits sont souvent ceux-là même qui lui rappellent ses devoirs. Ce livre a tenté de montrer qu'en matière éducative, les uns ne vont pas sans les autres. L'éducation a besoin avant tout d'autorité, souvent d'interdits, et parfois de sanction. Les paroles précédant les actes. Or, l'autorité de la famille en général et celle du père en particulier sont littéralement battues en brèche de multiples façons par la vie moderne qui pénètre à l'intérieur des foyers. C'est évident pour la télévision, mais derrière ce mauvais prétexte, toute une philosophie concourt à cette contestation de l'autorité. Le féminisme mal compris pour certains, la fascination de la non-directivité par des enseignants en butte à l'échec scolaire, l'idéologie de l'épanouissement du sujet issue d'une vision rétrécie de la psychanalyse, la terreur du traumatisme venue d'outre-Atlantique enfin, parviennent à paralyser certains parents. C'est pourquoi j'ai tenu à rappeler quelques évidences. La punition n'est pas forcément un acte sadique, c'est aussi la sanction de la transgression d'un interdit, sanction qui redonne sa valeur aux paroles des parents. L'agitation de l'enfant n'est pas une maladie génétique, mais le résultat indirect d'un manque d'interdits. Certains troubles enfin pourraient être évités si on ne mettait pas systématiquement à l'écart le père. Ce n'est pas son absence en effet, comme on fait souvent mine de le croire, encore moins sa défaillance quand, par exemple, il est touché par le chômage, mais sa disqualification qui l'empêche de jouer le rôle qu'on prétend attendre de lui. Or c'est par lui que passe pour l'enfant une autre dimension que celle de la satisfaction des besoins assumée par la mère. Et c'est pourquoi il joue un rôle si important dans la transmission des valeurs qui est l'objet de l'éducation.

Remerciements

Ce livre est né d'une rencontre. Rencontre entre l'écoute des parents, des enfants et des adolescents, soit ce qui fait la clinique, avec l'écoute, par Mahaut-Mathilde Nobécourt, des transformations sociales dans lesquelles nous sommes immergés, ce qui les rend d'autant plus difficiles à percevoir. La première n'aurait pu se dire sans la seconde qui a joué un rôle de révélateur.

Mes remerciements vont également à Clara Kunde, ainsi qu'à Jacques Sédat qui m'a fait l'amitié de me relire avec sagacité.

# TABLE

DANS LA MÊME COLLECTION

**Intelligent mais peut mieux faire**
Jean-Luc Aubert

**Quels repères donner à nos enfants dans un monde déboussolé ?**
Jean-Luc Aubert

**Du berceau à l'école** – Les chemins de la réussite
Jean-Luc Aubert

**Une autre école pour votre enfant** – Les pédagogies différentes
A. Baudemont / L. Alcoba

**Petits tracas et gros soucis de 1 à 7 ans** – Quoi dire, quoi faire
Christine Brunet / Anne-Cécile Sarfati

**Papa, Maman, laissez-moi le temps de rêver !**
Etty Buzyn

**Vos enfants ne sont pas des grandes personnes**
Béatrice Copper-Royer

**Adolescences à problèmes** – Comprendre vos enfants pour les aider
Dr Patrick Delaroche

**Doit-on céder aux adolescents ?**
Dr Patrick Delaroche

**Blessures d'enfance** – Les dire, les comprendre et les dépasser
Nicole Fabre

**La vérité sort de la bouche des enfants** – Écoutons ce que nos enfants disent
Nicole Fabre

**Il était une fois le bon Dieu, le Père Noël et les fées** – L'enfant et la croyance
Dominique Gobert

**Notre enfant d'abord** – Du divorce à la médiation familiale
Muriel Laroque / Marie Théault

**Papa, Maman, on m'a traité de gros**
Elisabeth Lesne

**Le Chemin de l'adoption** – Le cœur et la raison
Jean-François Mattei

**L'enfant unique** – Atouts et pièges
Carl E. Pickhardt

**Papa, Maman, dites-moi pour de vrai !**
Gérard Sévérin

**Un bonheur est si vite arrivé** – Seul, en couple, en famille
Gérard Sévérin

**Aux risques de l'adolescence**
Gérard Sévérin

**Nos enfants sont-ils heureux à la crèche ?**
Anne Wagner / Jacqueline Tarkiel

*Cet ouvrage a été composé par Palimpseste, Paris.*
*Reproduit et achevé d'imprimer sur Roto-Page*
*par l'Imprimerie Floch à Mayenne,*
*pour les Éditions Albin Michel*
*en août 1999.*

*N° d'édition : 18544. N° d'impression : 46818.*
*Dépôt légal : août 1999.*

*Imprimé en France.*